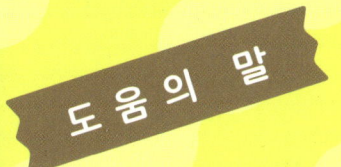

포켓몬과 함께 생각하는 힘을 키워요!

해당 도서는 즐겁게 사고력, 창의력을 높이기 위해 기획·제작되었어요.
논리적 사고력과 시행착오력을 기를 수 있는 문제를 포함하여 프로그래밍 사고력을 높이기 위한 다양하고 심화된 문제도 수록되어 있어요. 뿐만 아니라 수학에 도움이 되는 도형, 계산 등의 문제도 다루고 있어요.
상세한 설명과 풀이로 아이들은 새로운 유형의 문제를 쉽게 접하고 풀 수 있으며
정답을 맞힐수록 성취감도 높일 수 있어요.

문제는 이렇게 분류되어 있어요! 3가지 대표적 유형

프로그래밍 사고력

일반적으로 프로그램을 만드는 코딩을 진행할 때 가장 중요한 점은 순서에 따라 차근차근 일을 진행하는 [순차 처리]와 조건에 따라 실행이 바뀌는 [조건 분기]예요. 해당 워크북에서는 이러한 내용과 직결되는 문제를 다루고 있어 아이들이 코딩을 처음 접할 때 큰 도움이 되어요.

논리적 사고력

해답을 찾기 위해 순서를 파악하고 논리적으로 생각하는 힘을 기를 수 있어요. 추측으로 문제를 푸는 것이 아닌 힌트를 찾아 이해하고 조건을 조합하여 문제를 해결함으로써 논리적 사고력을 발달시킬 수 있어요.

시행착오력

시행착오력이란 틀리는 것을 두려워하지 않고 자신의 생각을 이리저리 시도해 보는 힘이에요. 해답의 실마리를 찾아 정답을 추측, 판단함으로써 포기하지 않고 도전하는 힘을 키울 수 있어요.

26번 이후의 문제들은 기존의 형식을 따르지만 난이도를 높인 문제들로 구성되어 있어요.
해당 문제를 풀지 못했을 때는 이전 문제를 복습한 후 다시 한 번 도전해 보세요.

문제 1

출구는 어디일까? ①

월 일

정답은 마지막 문제인 59번 뒤에 있어요.

● 직구리가 다음 프로그램에 따라 화살표 방향으로 나아가요. 직구리가 도착하는 출구는 ①~⑤ 중 어디일까요?

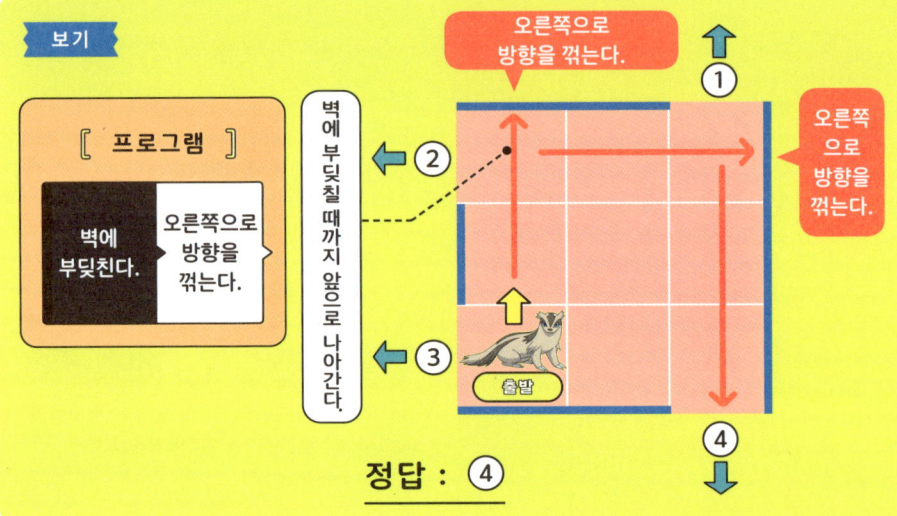

[프로그램]
벽에 부딪친다. → 오른쪽으로 방향을 꺾는다.

정답 : ④

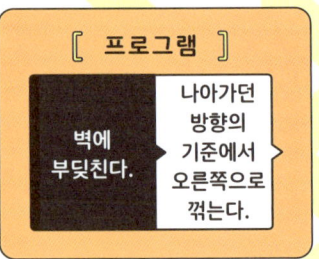

[프로그램]
벽에 부딪친다. → 나아가던 방향의 기준에서 오른쪽으로 꺾는다.

직구리
▽ 돌진포켓몬
똑바로밖에 달릴 수 없다.

피카츄　이브이

문제 2

? 에는 누가 있을까? ①

월   일

정답은 마지막 문제인 59번 뒤에 있어요.

● 포켓몬들이 블록 위에 서 있는 모습을 사진으로 찍었어요.
ⒶᐨⒸ의 사진을 단서로 ?에는 어떤 포켓몬이 있을지 추리해 보세요.

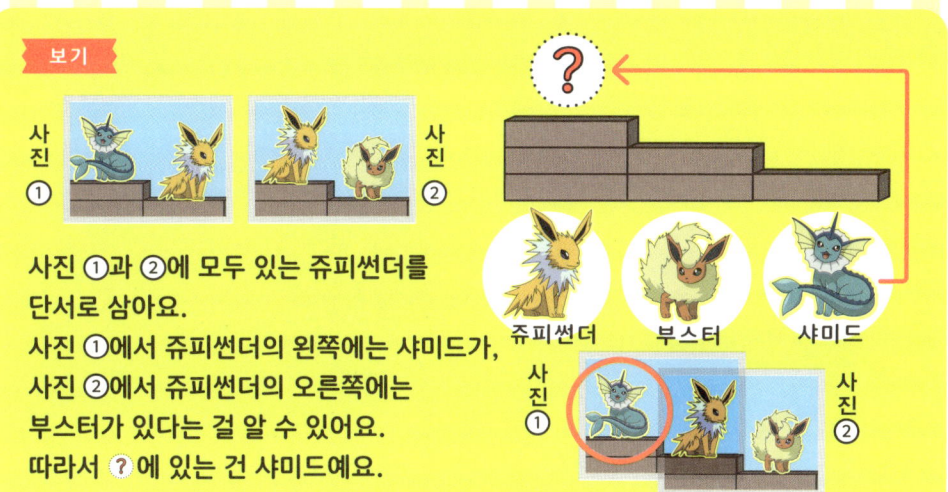

보기

사진 ①과 ②에 모두 있는 쥬피썬더를 단서로 삼아요.
사진 ①에서 쥬피썬더의 왼쪽에는 샤미드가, 사진 ②에서 쥬피썬더의 오른쪽에는 부스터가 있다는 걸 알 수 있어요.
따라서 ?에 있는 건 샤미드예요.

사진Ⓐ   사진Ⓑ   사진Ⓒ

 쥬피썬더
 부스터
 샤미드
 리피아

문제 3

풀타입의 포켓몬을 지켜라!

월   일

정답은 마지막 문제인 59번 뒤에 있어요.

● 말뚝과 말뚝을 직선으로 연결해 불꽃타입 포켓몬으로부터 풀타입 포켓몬을 지켜요.

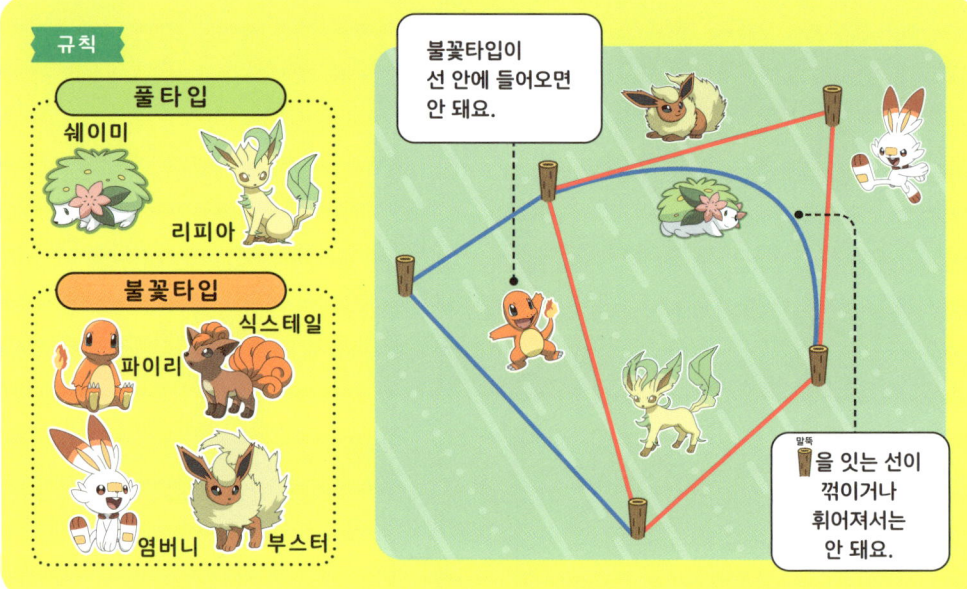

규칙
- 풀타입: 쉐이미, 리피아
- 불꽃타입: 파이리, 식스테일, 염버니, 부스터

불꽃타입이 선 안에 들어오면 안 돼요.

말뚝을 잇는 선이 꺾이거나 휘어져서는 안 돼요.

문제 4 - 길을 막는 포켓몬 ①

월 일

정답은 마지막 문제인 59번 뒤에 있어요.

●출발에서 도착까지
미로를 지나가요.
포켓몬이 길을 막고 있지만
딱 한 마리만 비켜 주면
도착할 수 있어요.
누가 비켜 주면 좋을까요?

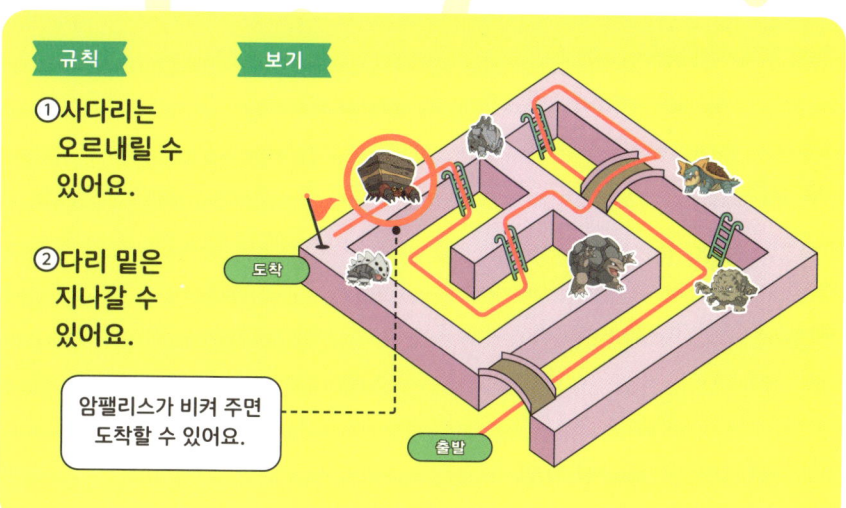

규칙
① 사다리는 오르내릴 수 있어요.
② 다리 밑은 지나갈 수 있어요.

암팰리스가 비켜 주면 도착할 수 있어요.

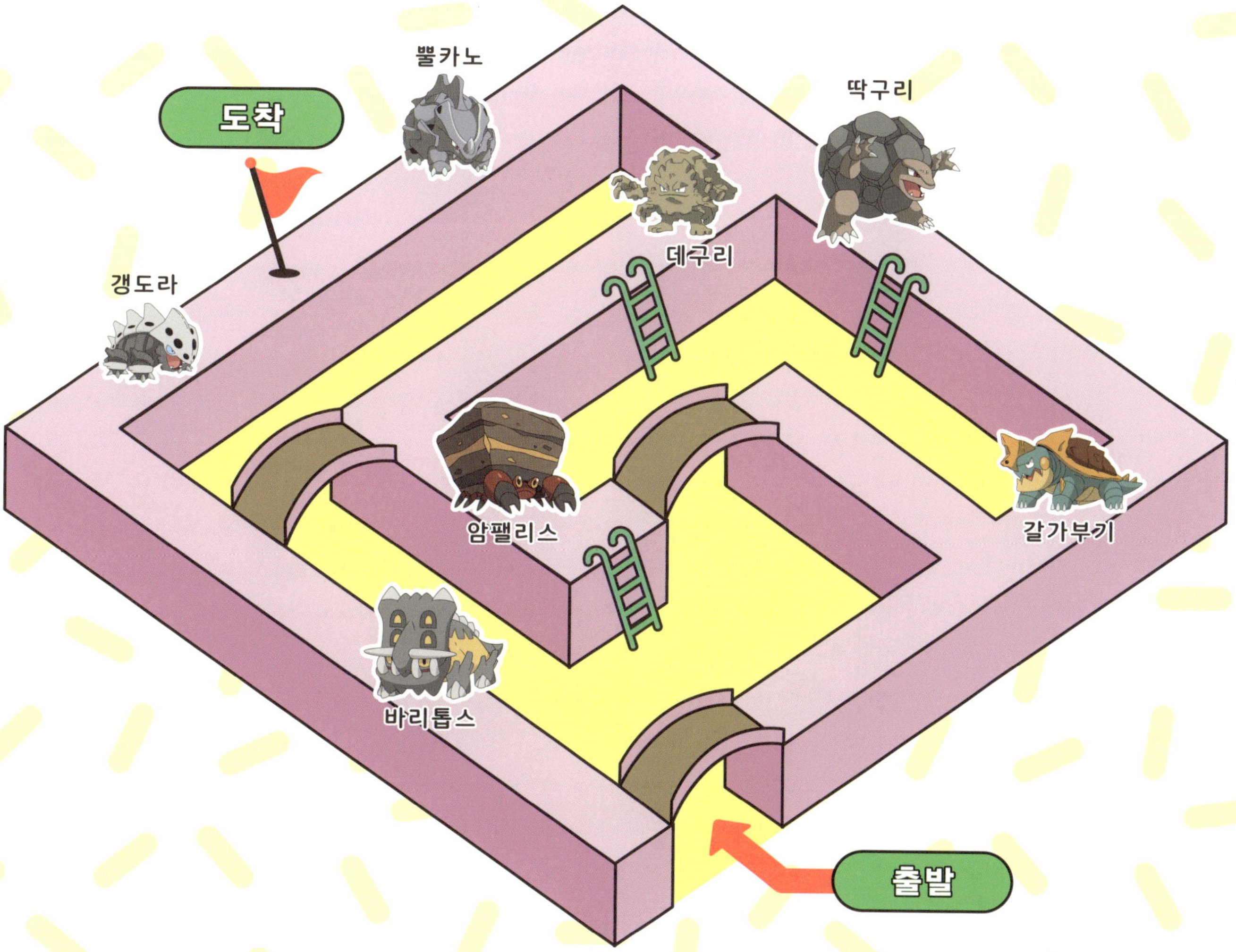

문제 5 · 보물 상자를 향해! ①

월   일

정답은 마지막 문제인 59번 뒤에 있어요.

● [보기]처럼 코일이 프로그램에 따라 출발해서 보물 상자를 향해 가요. 고우와 지우의 프로그램에 따르면, 각각 ㄱ~ㅁ 중 어느 보물 상자에 도착할까요?

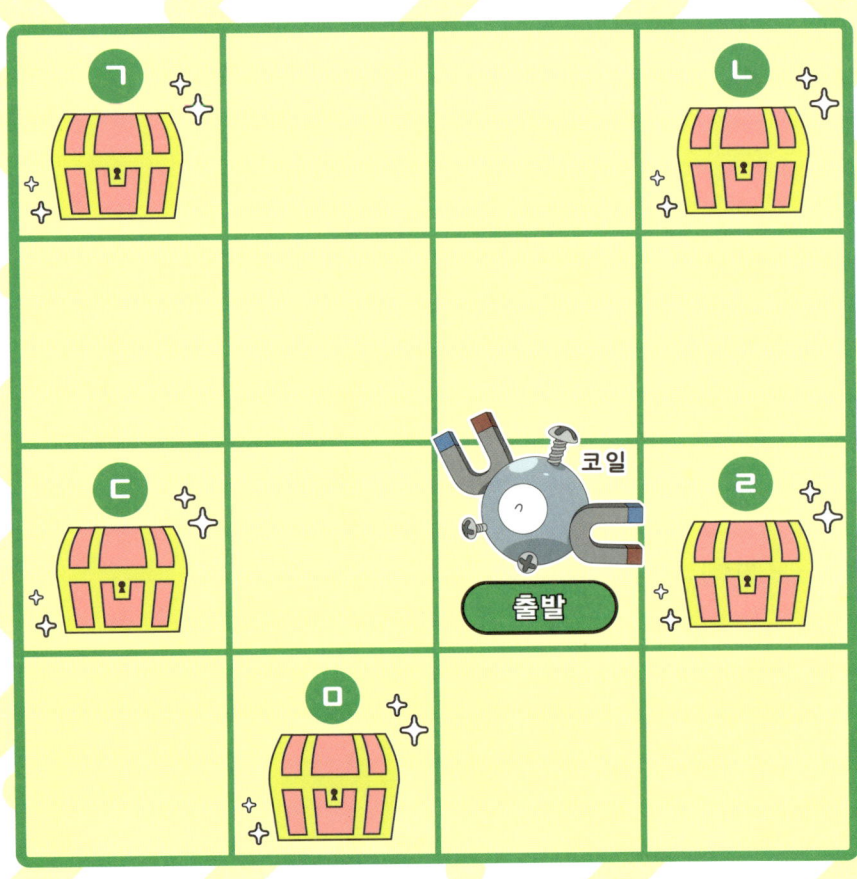

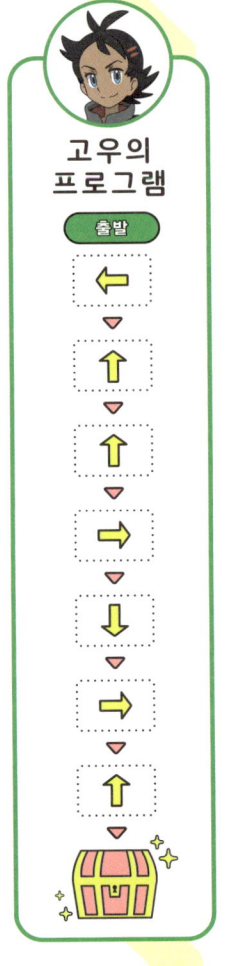

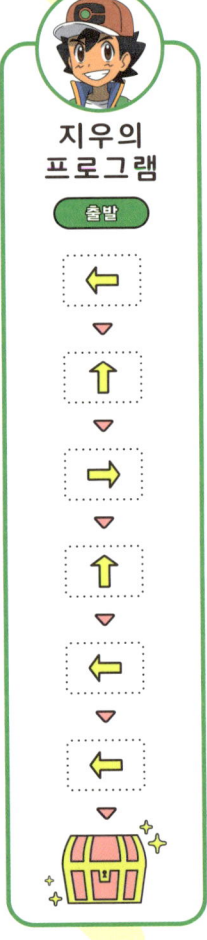

문제 6 — 글자 지우기 퀴즈 ①

월   일

정답은 마지막 문제인 59번 뒤에 있어요.

● 아래 [규칙]에 따라 [보기]처럼 글자를 지워요. 남은 글자를 조합하면 어떤 포켓몬의 이름이 될까요? ①~④에서 정답을 골라요.

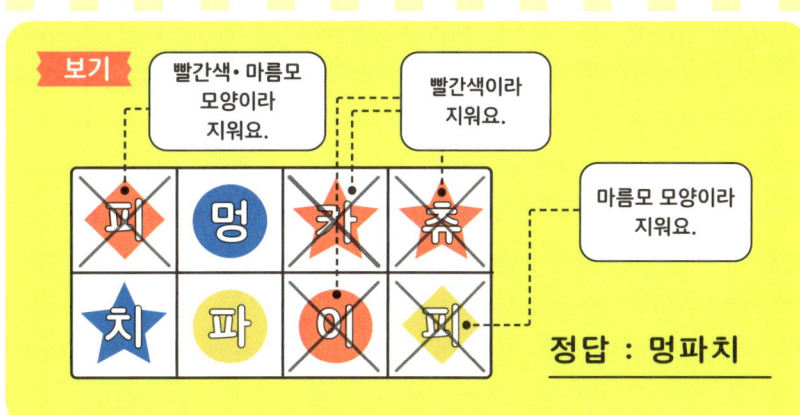

규칙

빨간색 ★ 이거나 마름모 모양 ◇ 이면, 글자를 지워요.

◁ 창조포켓몬
세계를 창조했다고 전해진다.

① 아르세우스   ② 이브이   ③ 멍파치   ④ 피카츄

정답은 마지막 문제인 59번 뒤에 있어요.

● 치라미가 청소를 하면서 깨봉이가 있는 방으로 가요. 오른쪽에 있는 [규칙]에 따라 모든 방을 지나가세요.

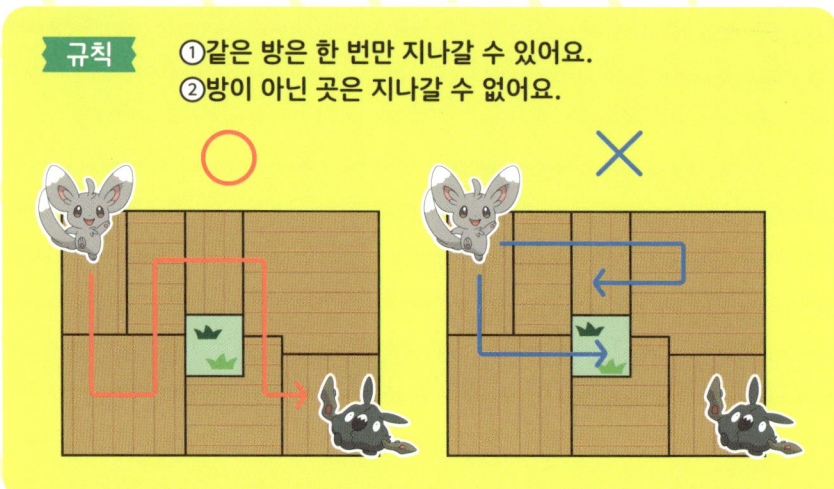

계단 미로 ①

월   일

정답은 마지막 문제인 59번 뒤에 있어요.

첫 번째 피카츄가 계단을 오르내려서 채키몽이 있는 곳으로 가요.
[규칙]대로 계단을 한 칸씩 오르거나 내려가 도착 지점에 도착해요!

규칙
① 계단은 반드시 한 칸씩 이동해요. 두 칸이 있는 곳은 오르거나 내려갈 수 없어요.
② 사다리가 있으면 오르거나 내려갈 수 있지만 울타리가 있는 곳은 지나갈 수 없어요.

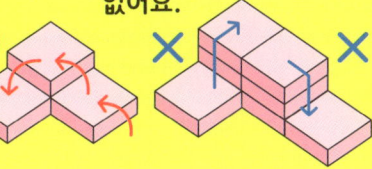
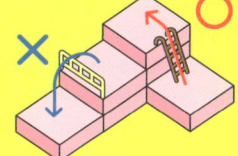

두 번째 첫 번째 문제와 같은 [규칙]에서 울타리를 하나만 없애면 도착할 수 있어요.
어느 울타리를 없애면 될까요?

보기 이 울타리를 없애면 도착할 수 있어요!

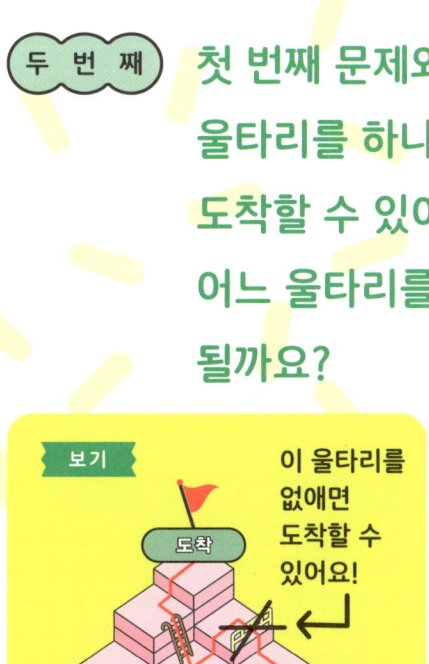

에이스번

문제 9

지우를 만나러 가자!

월   일

정답은 마지막 문제인 59번 뒤에 있어요.

●라프라스가 카드에 적힌 화살표를 따라 지우가 있는 곳으로 가요. 2장의 카드를 줄 때, 무슨 색과 무슨 색의 카드를 어떤 순서로 주면 좋을까요? A~D 중에서 알맞은 정답을 찾아보세요.

단, ⚡가 있는 곳은 지나갈 수 없어요.

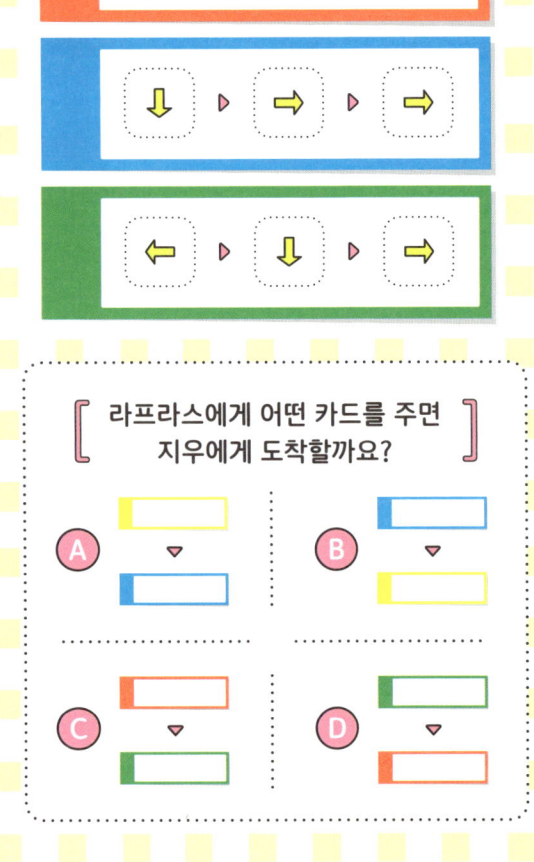

문제 10

초콜릿을 나누자!

월   일

정답은 마지막 문제인 59번 뒤에 있어요.

● 포켓몬들에게 초콜릿을 나눠 줘요.
각각의 포켓몬이 원하는 초콜릿 상자를 찾아 선으로 연결해 보세요.

먹고자

3종류의 초콜릿을 먹고 싶어.

이어롤

♥는 하나만 먹고 싶어.

꼬링크

6개를 먹고 싶어.

팽도리

🍫는 3개보다 많이 먹고 싶어.

①

②

③

④

문제 11

시행착오력

길을 연결하자! ①

월 일

정답은 마지막 문제인 59번 뒤에 있어요.

● 안에 있는 길을 조합해 블래키, 리피아, 님피아, 쥬피썬더가 모두 연결되도록 길을 놓아요. 단, 길은 회전시킬 수 없어요.

보기

우선 ③에 놓을 길을 골라요.
③에 길을 놓았을 때 길이 연결되는 것은 뿐이니 ③은 결정됐어요.
그다음 ④에 길을 놓았을 때 길이 연결되는 것도 뿐이니 ④도 결정됐어요.
이제 남은 ①과 ②의 위치도 생각해 봐요.

정답

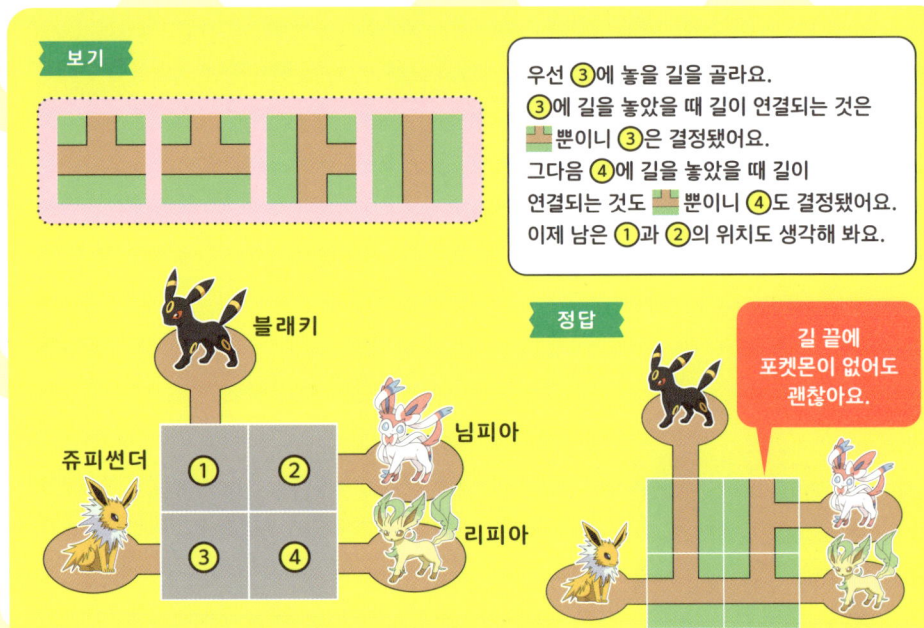

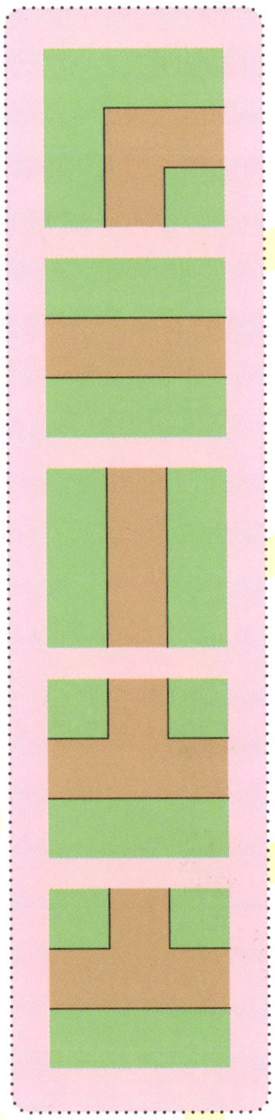

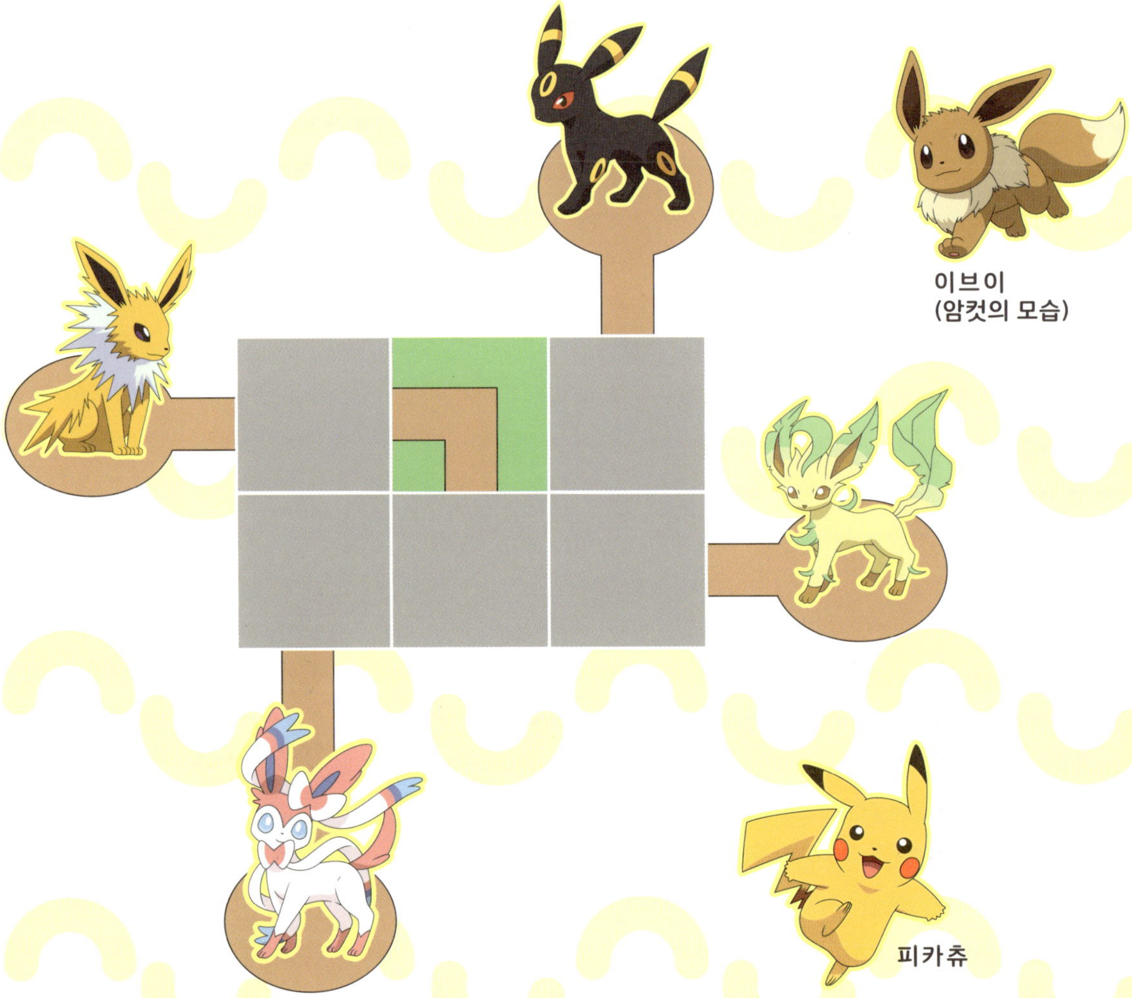

문제 12

어떤 밸브가 잠겨 있을까? ①

월 일

정답은 마지막 문제인 59번 뒤에 있어요.

●수도관의 밸브 하나를 잠갔더니 아래와 같이 몇 개의 파이프에서 물이 나오지 않게 됐어요. 1~5 중 어느 밸브를 잠갔을까요?

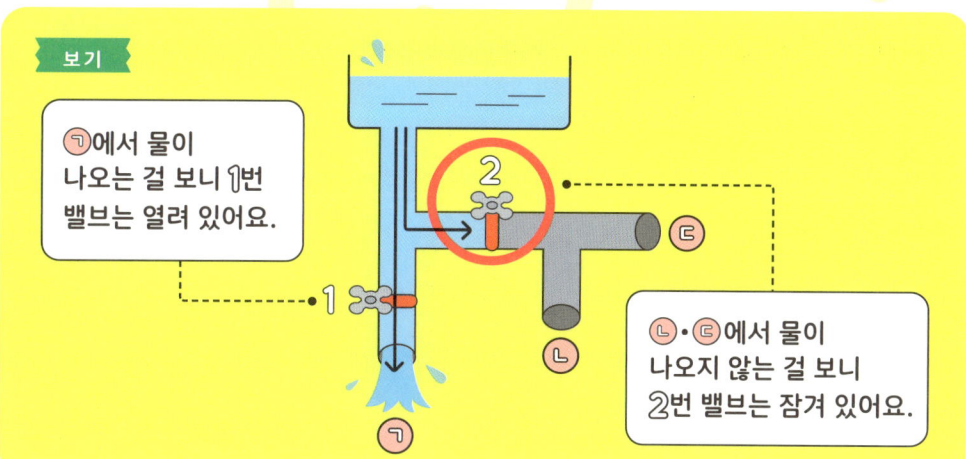

보기

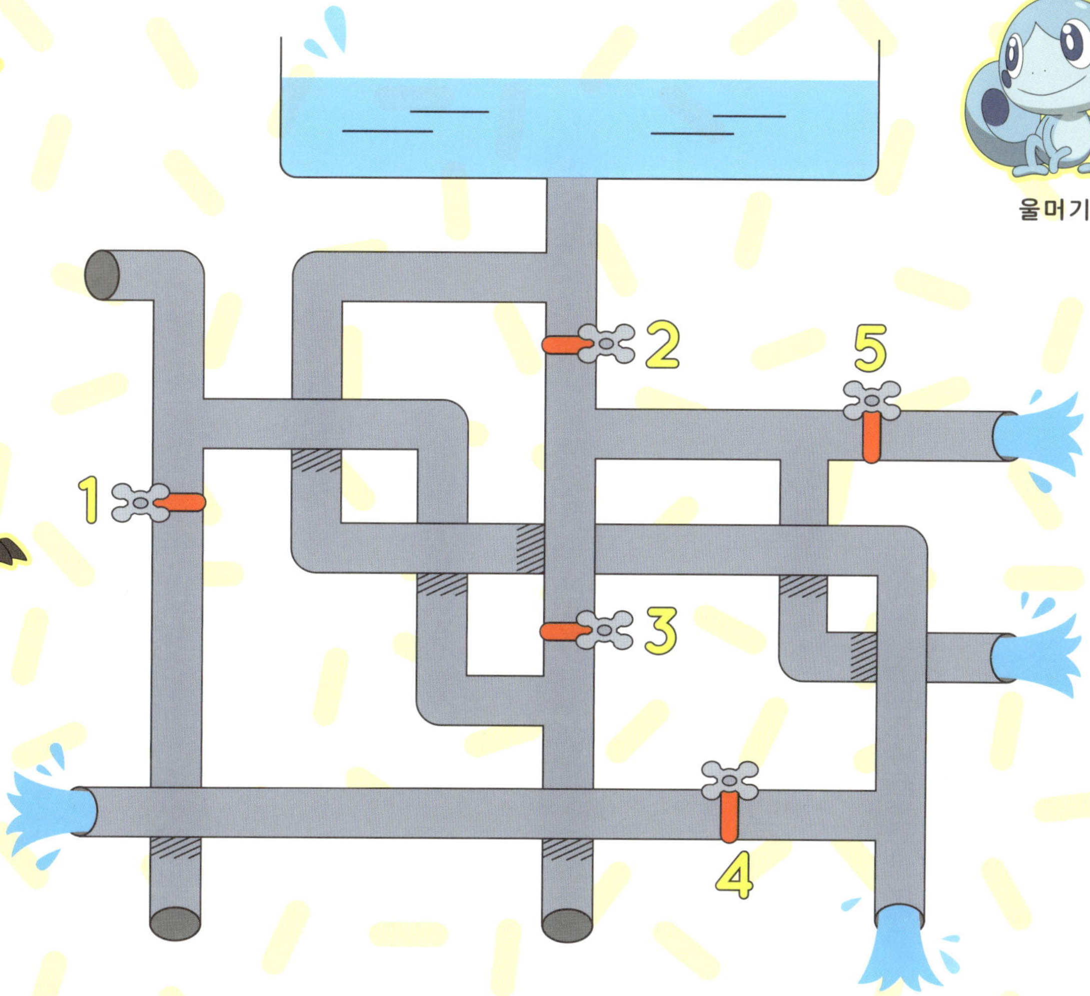

ㄱ에서 물이 나오는 걸 보니 1번 밸브는 열려 있어요.
ㄴ·ㄷ에서 물이 나오지 않는 걸 보니 2번 밸브는 잠겨 있어요.
1
2
ㄱ
ㄴ
ㄷ

1
2
3
4
5

울머기

인텔리레온

△ 에이전트포켓몬

손가락 끝에서 물을 분사한다.

문제
13

프로그래밍 사고력

어느 쪽으로 갈까? ①

월 일

정답은 마지막 문제인 59번 뒤에 있어요.

●피카츄가
오른쪽 아래에 있는
프로그램에 따라
출발해요.
과연 누구에게
도착할까요?

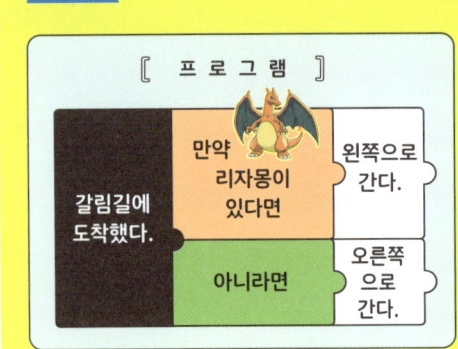

보기

〚 프로그램 〛

갈림길에 도착했다.	만약 리자몽이 있다면	왼쪽으로 간다.
	아니라면	오른쪽으로 간다.

루카리오
갈림길에 있는 포켓몬은 리자몽이 아니기 때문에 오른쪽으로 간다.
출발

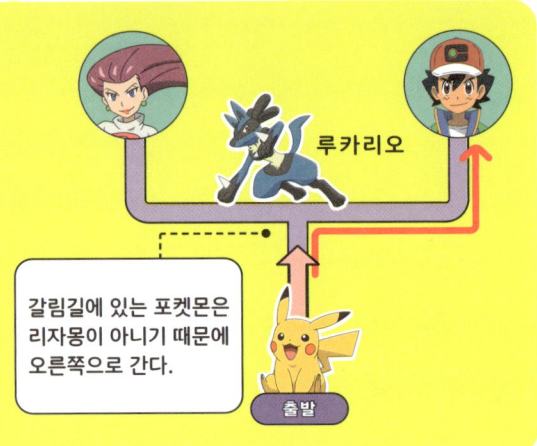

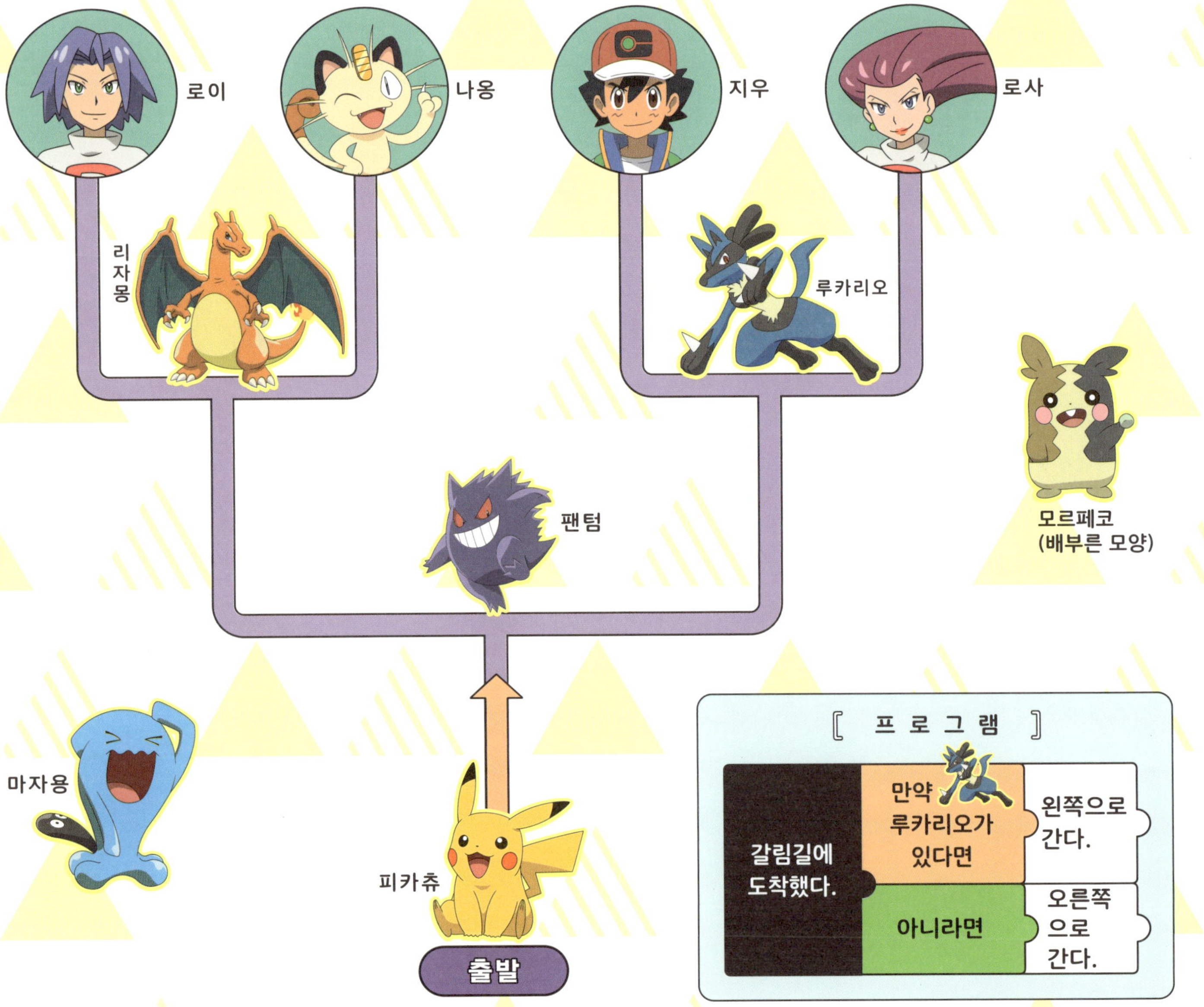

로이
나옹
지우
로사
리자몽
루카리오
팬텀
모르페코
(배부른 모양)
마자용
피카츄
출발

〚 프로그램 〛

갈림길에 도착했다.	만약 루카리오가 있다면	왼쪽으로 간다.
	아니라면	오른쪽으로 간다.

문제 14 — 그루터기에 나란히

월　　일

정답은 마지막 문제인 59번 뒤에 있어요.

●포켓몬들이 그루터기 위에 있어요. ■대로 위치를 바꿀 경우, 마지막인 ③은 ㉠~㉢ 중 어떤 모습이 될까요?

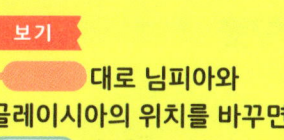

보기: ■대로 님피아와 글레이시아의 위치를 바꾸면 □가 돼요. ①부터 ③까지 순서대로 생각해 보세요.

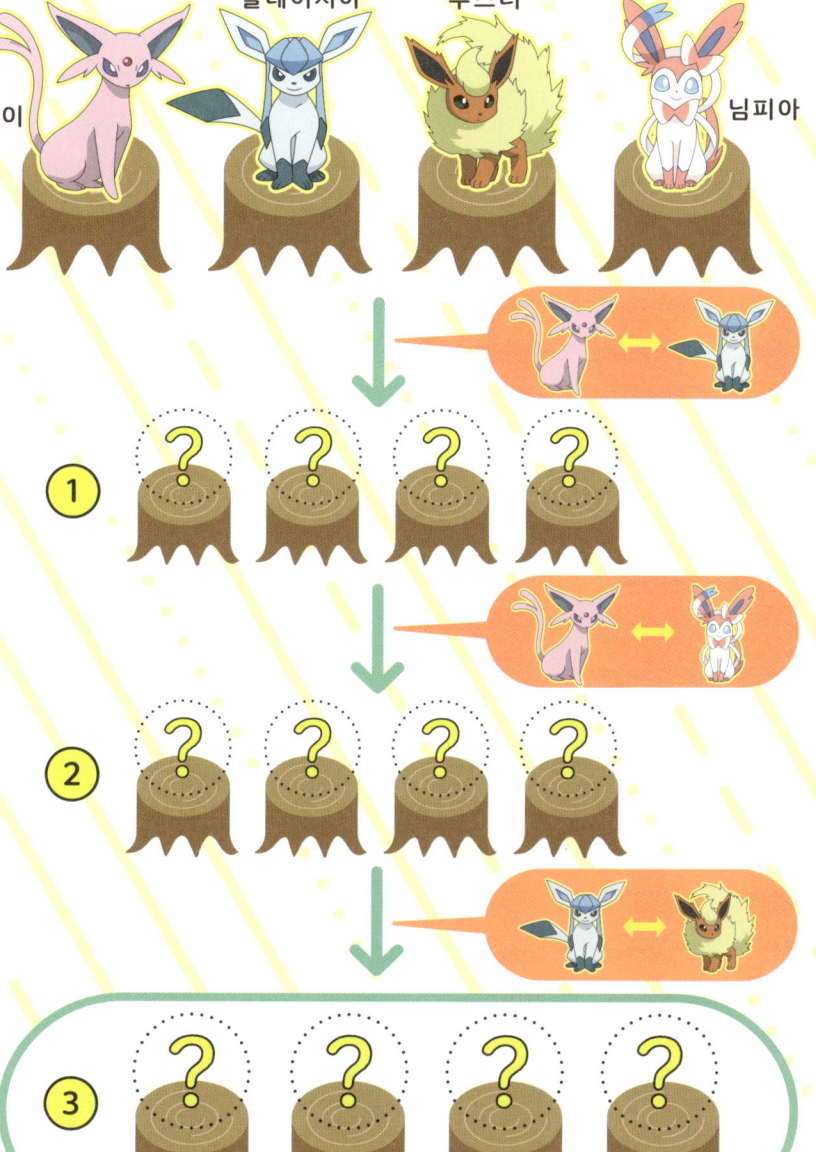

[③은 어떤 모습일까요?]

㉠

㉡

㉢

15

문제 15 구멍을 막자! ①

● 디그다와 닥트리오가 땅에 구멍을 팠어요. 오른쪽 아래, 2장의 널빤지를 이용해 모든 구멍을 막으려면 어떻게 놓아야 할까요?

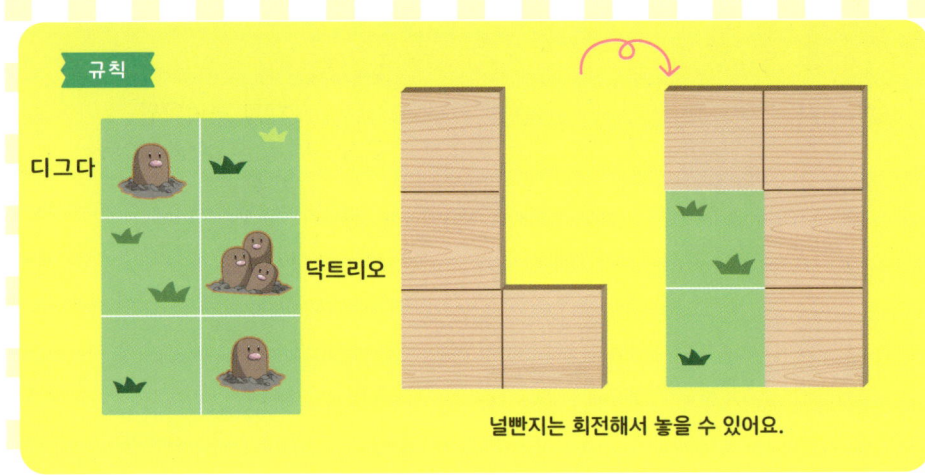

널빤지는 회전해서 놓을 수 있어요.

바위를 깨자! ①

월 일

정답은 마지막 문제인 59번 뒤에 있어요.

● 루카리오와 알통몬이 바위를 깨요.
[규칙]에 따라 모든 바위를 깨려면 어느 칸에 루카리오와 알통몬을 두면 좋을까요?

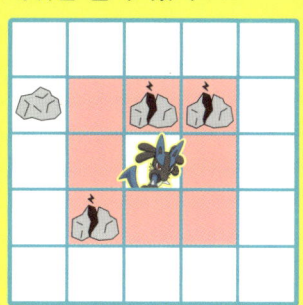

규칙

① 🪨 와 ⬛ 칸에는 포켓몬을 둘 수 없어요.
② 포켓몬 주변 8개의 칸에 있는 바위만 깰 수 있어요.
③ 2개의 바위가 있는 칸은 루카리오와 알통몬, 둘의 힘을 모두 써야 해요.

▽ 괴력포켓몬
모든 격투기를 사용한다.
특별한 근육을 갖고 있다.

알통몬

루카리오

△ 파동포켓몬
상대의 생각이나 움직임을 간파할 수 있다.

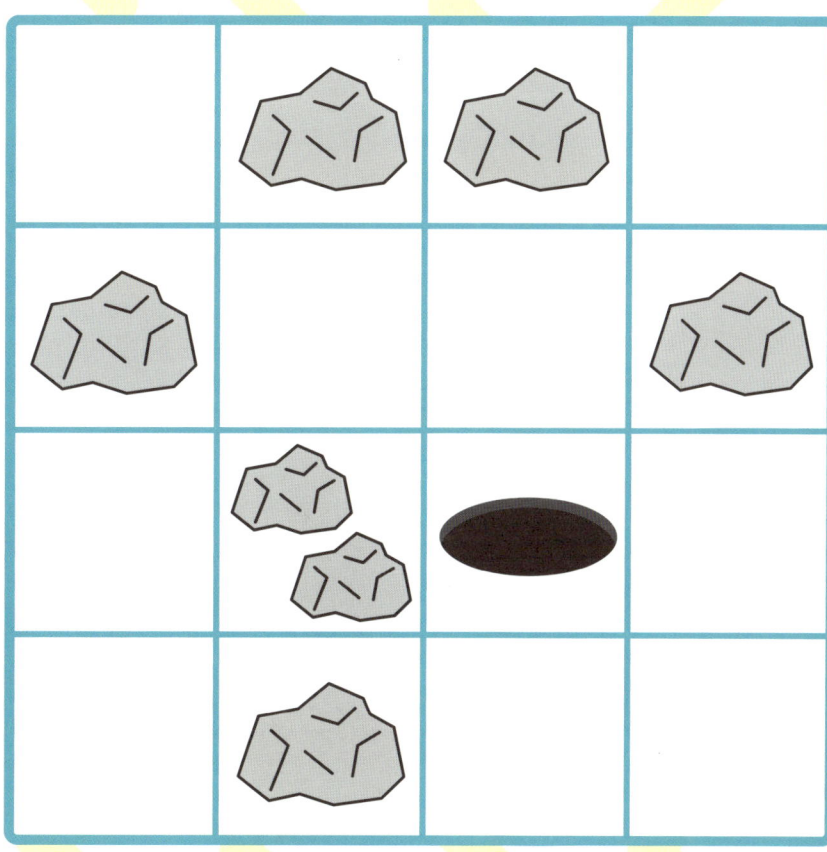

17

문제 17

하루를 만나러 가자!

●멍파치가 도착 지점에 있는 하루를 만나러 가요. 에이스번과 망나뇽을 만나면 어느 방향으로 갈지 결정해요. ? 에는 어느 방향 화살표가 들어갈까요?

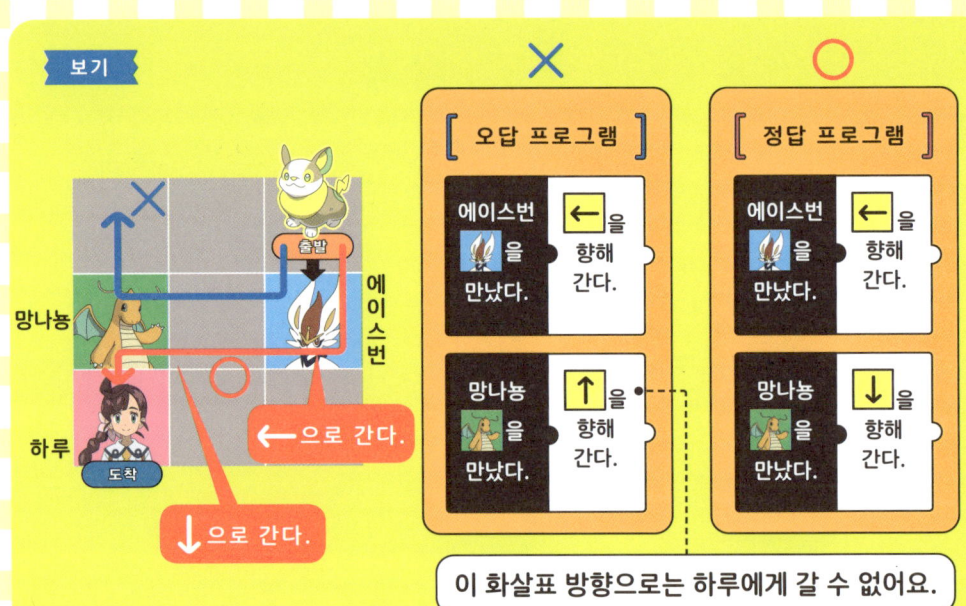

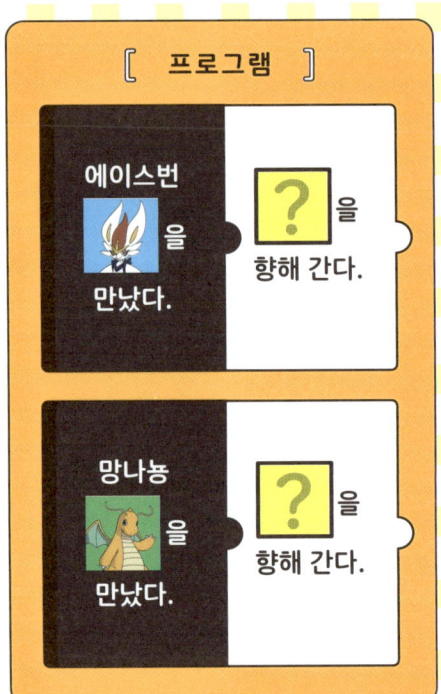

문제 18 — 알맞게 조합하자! ①

월 일

정답은 마지막 문제인 59번 뒤에 있어요.

● [규칙]에 따라 몬스터볼과 슈퍼볼을 같은 조합이 되도록 나눠요. ㉠~㉣ 중 정답은 무엇일까요? [보기]를 참고하여 잘 생각해 보세요.

규칙
① 볼이 남지 않도록 해요.
② 볼이 늘어선 순서는 달라도 상관없어요.

보기

○ ㉠의 경우, 같은 조합 3개가 완성됐어요.

볼이 늘어선 순서는 달라도 개수가 똑같은 조합이면 돼요.

✕ ㉡이나 ㉢의 경우는 같은 조합이 완성되지 않아요.

마임꽁꽁

△ 코미디언포켓몬
경쾌한 스텝을 선보인다.

▽ 따라하기포켓몬
상대의 움직임을 흉내 낸다.

흉내내

㉠	㉡	㉢	㉣

문제 19

선물을 나눠 주자!

월　　일

정답은 마지막 문제인 59번 뒤에 있어요.

● 딜리버드가 선물을 나눠 줘요. 모든 집을 한 번씩 지나쳐 되돌아올 경우, 초록색 집은 몇 번째에 지나게 될까요?

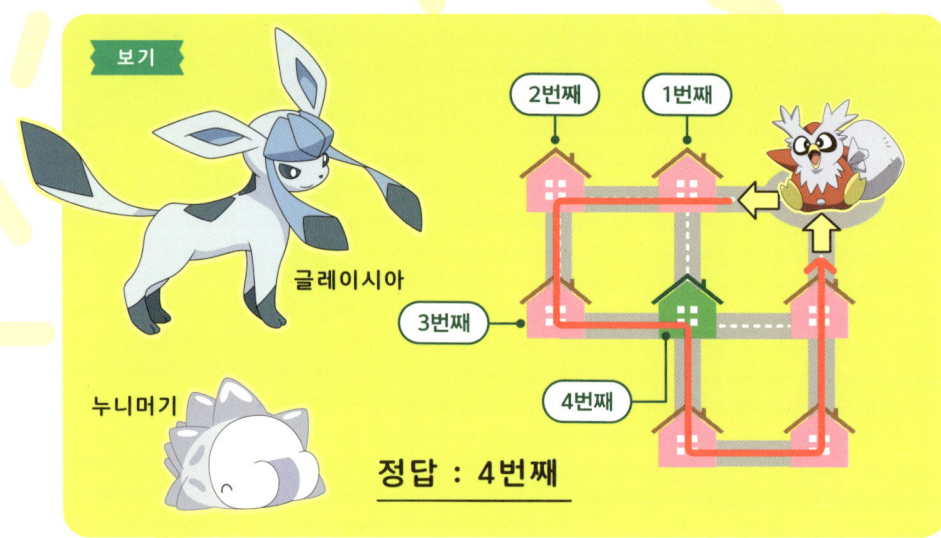

문제 20

프로그래밍 사고력 징검다리 점프!

월   일

정답은 마지막 문제인 59번 뒤에 있어요.

● 개구마르와 물짱이가 바위를 점프해 이동해요. [규칙]에 표시된 방법을 반복해서 도착 지점까지 이동할 경우, [규칙]을 적게 반복한 포켓몬은 누구일까요?

규칙

개구마르는 앞으로 2칸 갔다, 1칸 되돌아와요.

물짱이는 앞으로 2칸 갔다, 3칸 되돌아와요.

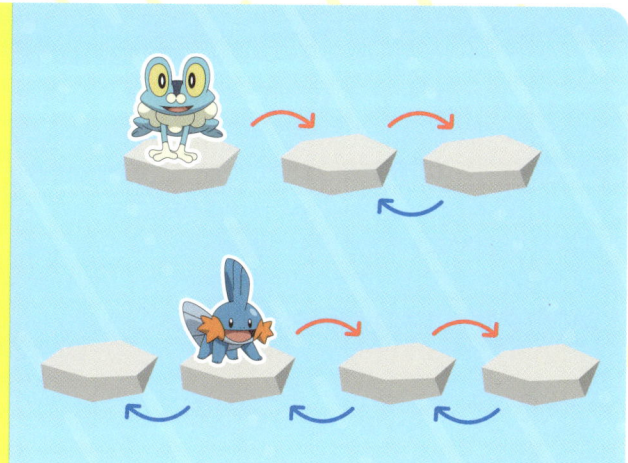

문제 21 포켓몬 배틀 ①

월   일

정답은 마지막 문제인 59번 뒤에 있어요.

● 포켓몬들이 3마리씩 지우의 팀이 되어 배틀을 해요. 1회전마다 포켓몬을 딱 1마리씩만 교체할 경우, 3~5회전에서 배틀할 포켓몬은 ㉠~㉢ 중 각각 누구일까요?

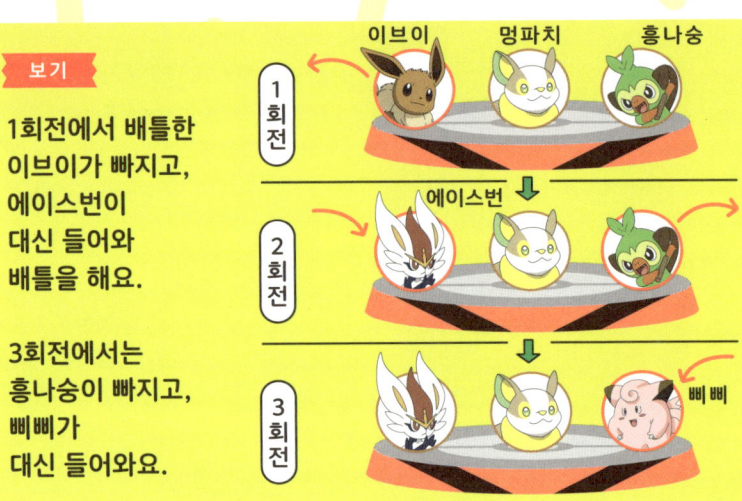

보기
1회전에서 배틀한 이브이가 빠지고, 에이스번이 대신 들어와 배틀을 해요.

3회전에서는 흥나숭이 빠지고, 삐삐가 대신 들어와요.

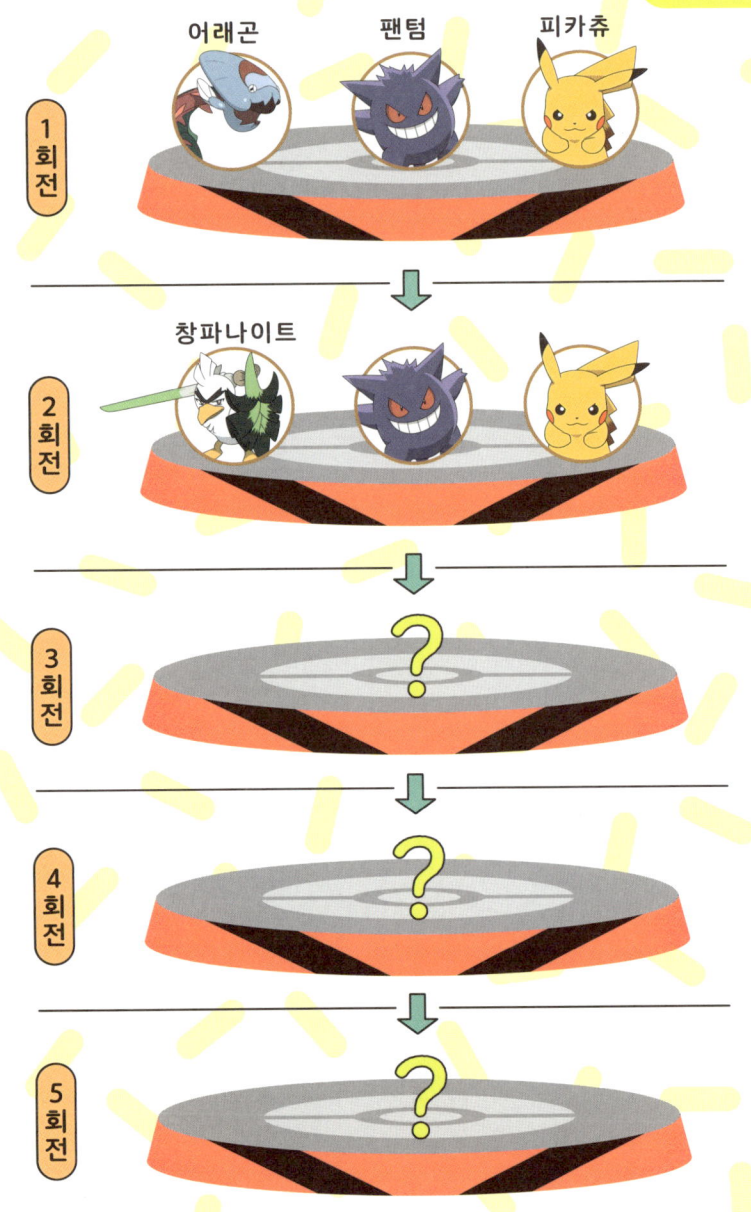

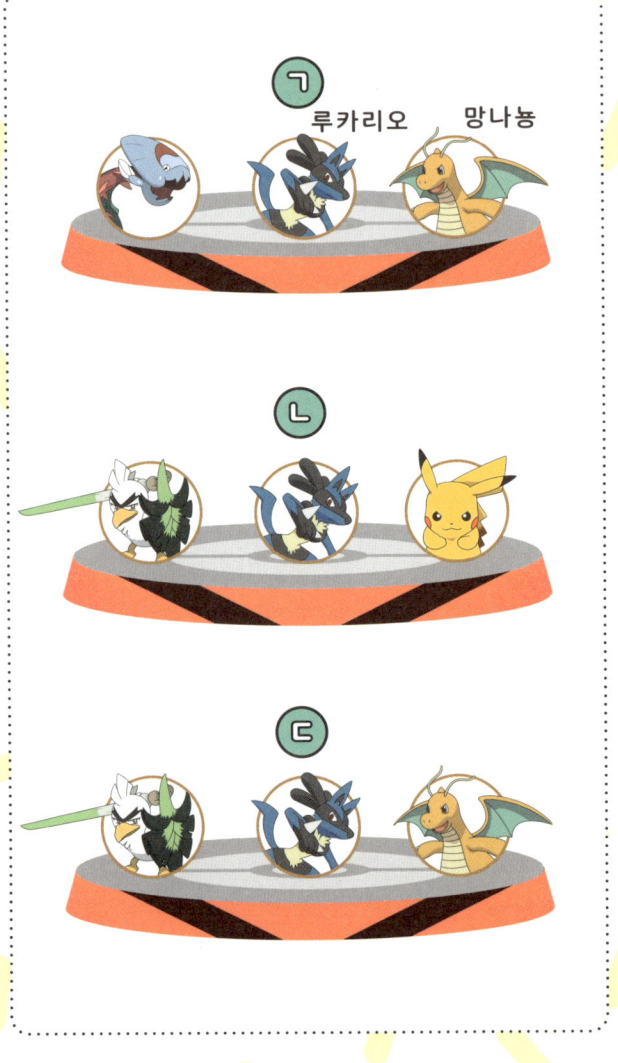

문제 22 — 파르페를 만들자!

월   일

정답은 마지막 문제인 59번 뒤에 있어요.

● 지우와 하루가 마휘핑에게 파르페를 만들어 줘요. 두 사람의 프로그램에 따라 만들 경우, ㉠~㉢ 중 어떤 파르페가 완성될까요?

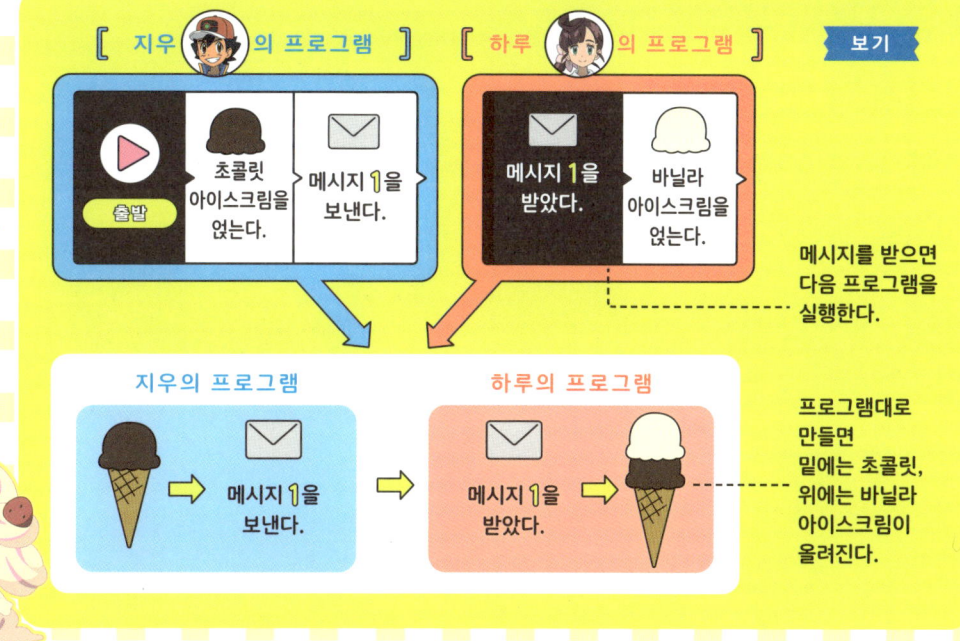

[보기]

메시지를 받으면 다음 프로그램을 실행한다.

프로그램대로 만들면 밑에는 초콜릿, 위에는 바닐라 아이스크림이 올려진다.

마휘핑
△ 크림포켓몬
손에서 크림을 만들어 낸다.

멍파치

문제 23

구멍을 파자! ①

월   일

정답은 마지막 문제인 59번 뒤에 있어요.

● 입구부터 두더류와 몰드류가 있는 구멍이 모두 연결되도록 구멍을 파요.
삽의 개수만큼 ⬬ 을 팔 수 있어요.
어디를 파면 좋을까요?

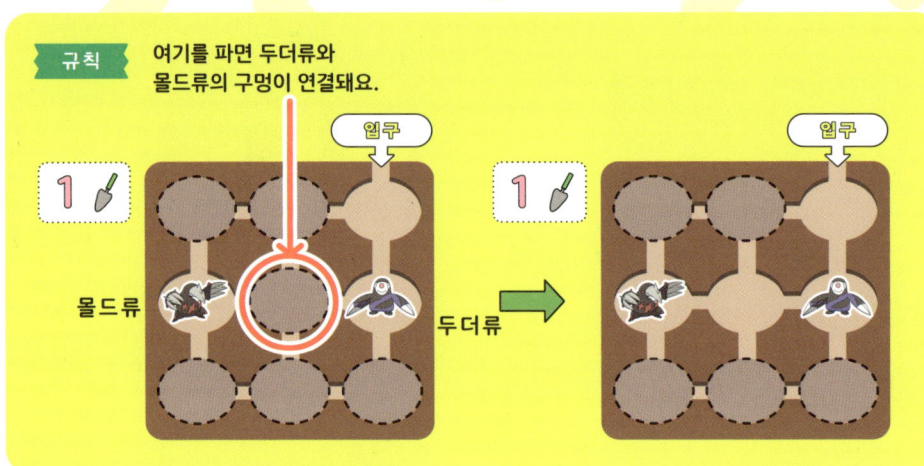

4 🪏🪏🪏🪏

피카츄

입구

24

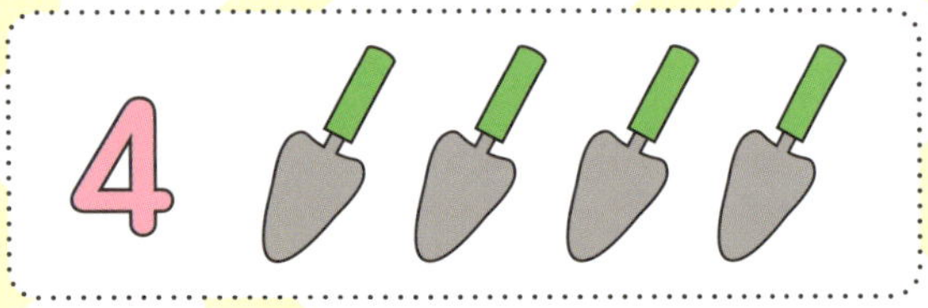

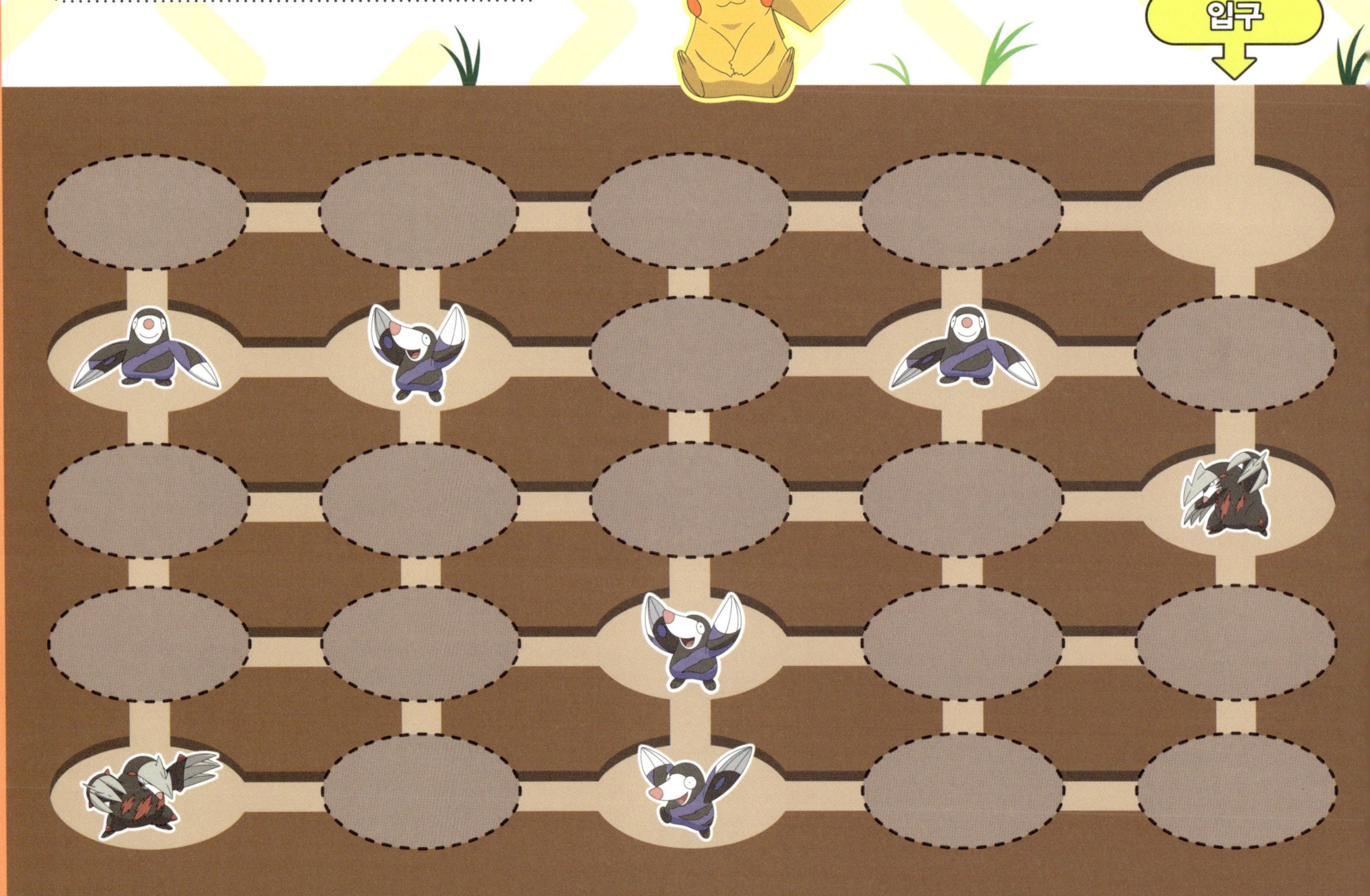

문제 **24**

프로그래밍 사고력

어디에 도착할까? ①

월 일

정답은 마지막 문제인 59번 뒤에 있어요.

●지우가 프로그램에 따라 포켓몬들을 만나며 가요. 지우가 도착하는 곳은 ①~⑤ 중 어디일까요? [규칙]과 [보기]를 잘 보고 정답을 찾아보세요.

규칙

[프로그램]

얼음타입 이면	방향을 꺾는다.
불꽃타입 이면	앞으로 쭉 간다.

얼음타입

바닐프티, 코고미, 달막화 (가라르의 모습), 식스테일 (알로라의 모습)

불꽃타입

아차모, 파이리, 식스테일, 염버니

보기

[프로그램]

얼음 타입 이면	방향을 꺾는다.
불꽃 타입 이면	앞으로 쭉 간다.

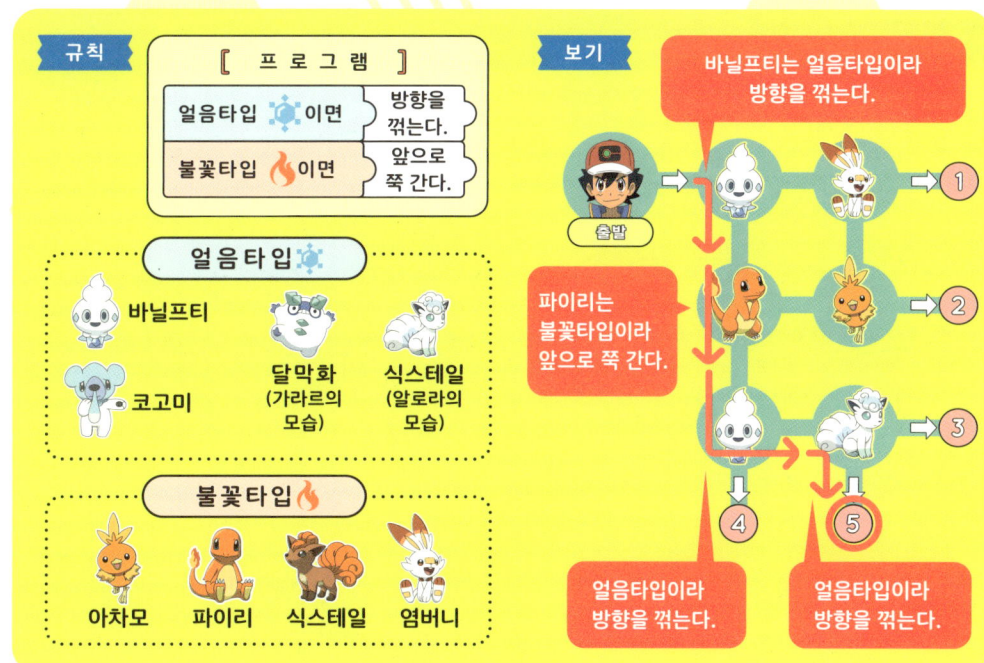

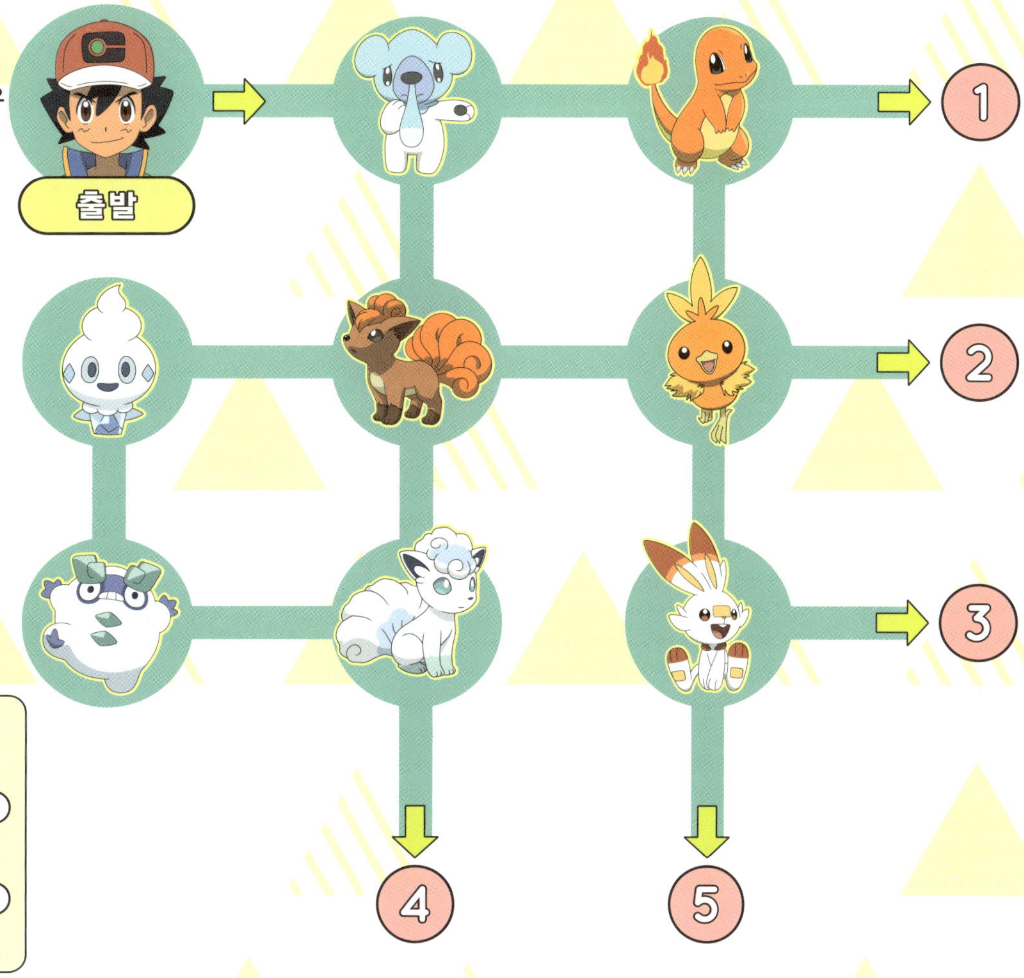

문제 25 나무열매를 나눠 주자! ①

●지우가 나무열매를 나눠 줘요. 같은 길을 2번 지나지 않으면서 [규칙]에 따라 도착했을 때 나무열매의 개수가 0이 되어야 해요.
(모든 칸을 지나지 않아도 돼요.)

규칙
① 처음에 지우는 🔴의 수만큼 나무열매를 가지고 있다.
② 나무열매 칸에서는 🩷의 수만큼 나무열매를 줍는다.
③ 포켓몬이 있는 칸에서는 🔵의 수만큼 나무열매를 나눠 준다.

보기

출발: 나무열매를 1개 가지고 있다.
+2: 나무열매를 2개 줍는다. 모두 3개를 가지고 있다.
-3: 나무열매를 3개 나눠 준다. 가지고 있는 나무열매는 0개이다.

문제 26

출구는 어디일까? ②

월   일

앞쪽에 있는 문제 1번을 풀고 도전해 보세요.
정답은 마지막 문제인 59번 뒤에 있어요.

● 직구리(가라르의 모습)가 다음 프로그램에 따라 출발 지점에서 화살표 방향으로 이동해요. 직구리(가라르의 모습)는 ①~④ 중 어느 출구에 도착할까요?

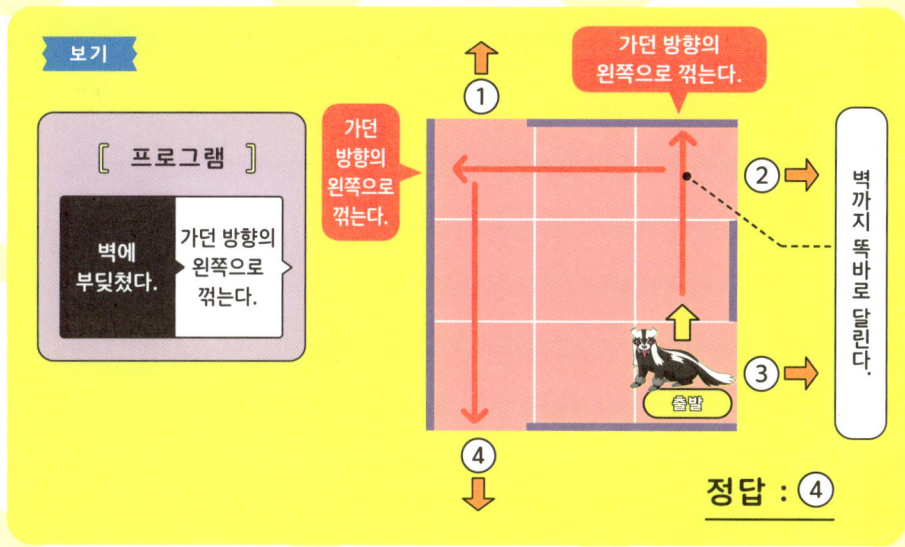

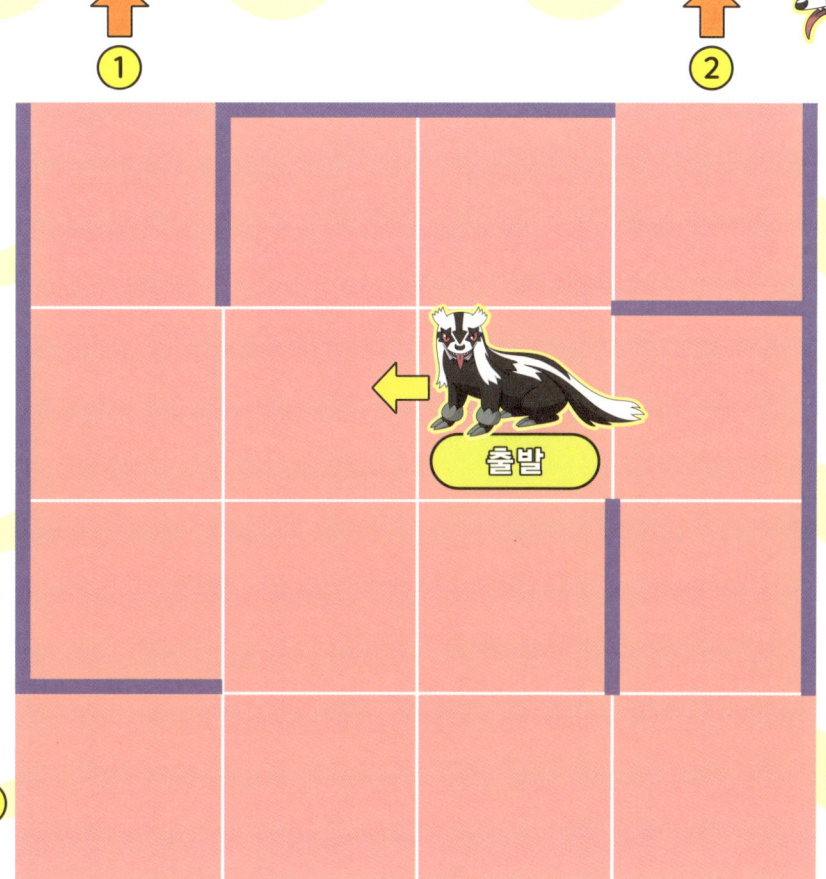

?에는 누가 있을까? ②

월　　일

앞쪽에 있는 문제 2번을 풀고 도전해 보세요.
정답은 마지막 문제인 59번 뒤에 있어요.

● 통나무 위에 앉아 있는 포켓몬들의 사진을 찍었어요. 아래 4장의 사진을 단서로 ?에는 어떤 포켓몬이 앉아 있을지 추리해 보세요.

사진 2장에 모두 찍힌 블래키를 확인하면 ?에 있는 것은 이브이라는 사실을 알 수 있어요.

이브이

님피아

글레이시아

에브이

블래키

문제
28

시행착오력

얼음타입의 포켓몬을 지켜라!

월 일

앞쪽에 있는 문제 3번을 풀고 도전해 보세요.
정답은 마지막 문제인 59번 뒤에 있어요.

● 말뚝과 말뚝을 직선으로 연결해 불꽃타입 포켓몬으로부터 얼음타입 포켓몬을 지켜요.

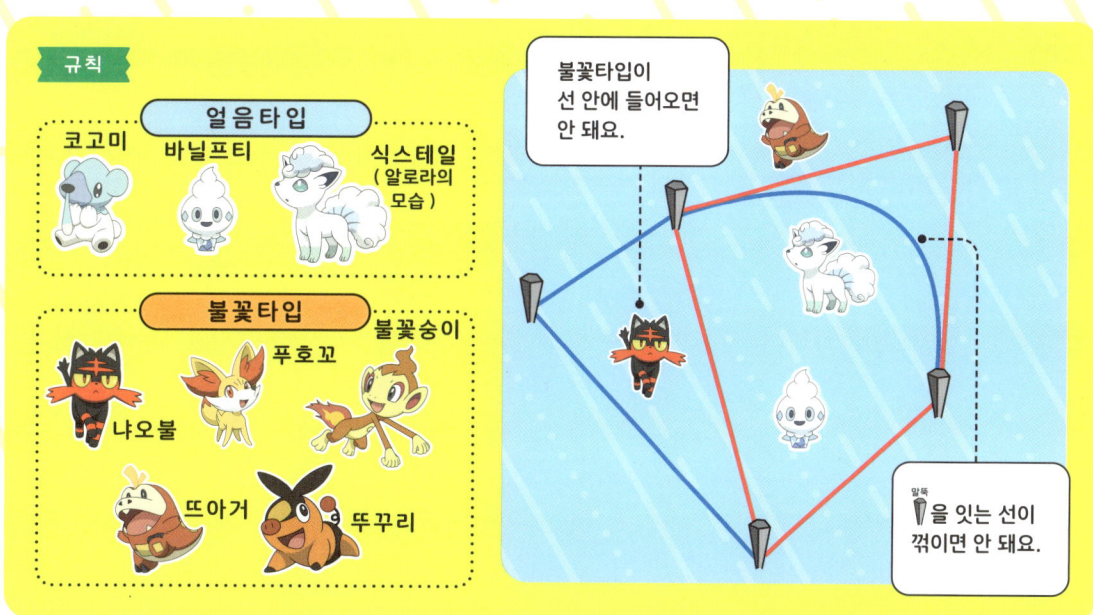

규칙
얼음타입
코고미
바닐프티
식스테일 (알로라의 모습)
불꽃타입
냐오불
푸호꼬
불꽃숭이
뜨아거
뚜꾸리
불꽃타입이 선 안에 들어오면 안 돼요.
말뚝을 잇는 선이 꺾이면 안 돼요.

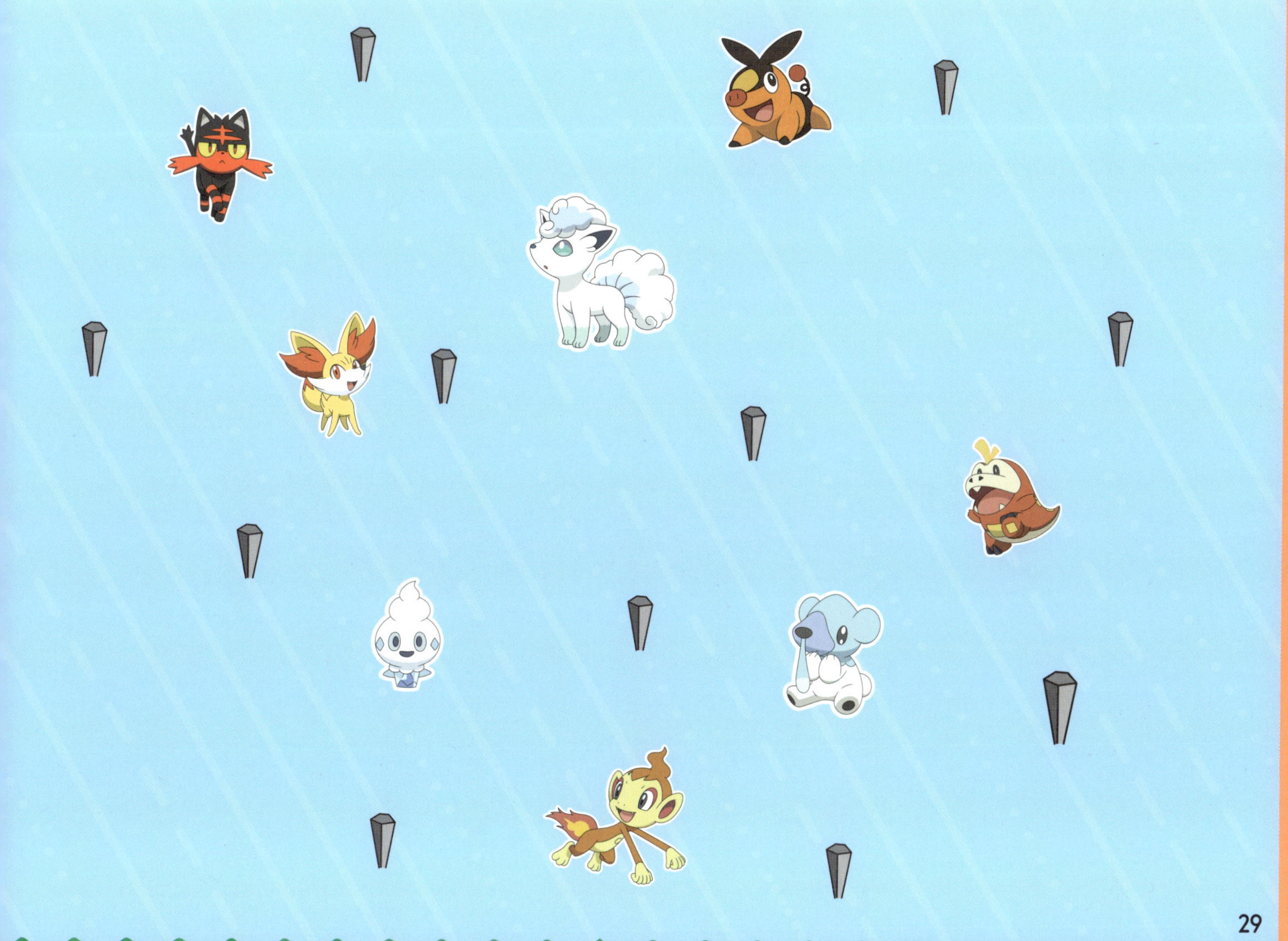

문제 29

길을 막는 포켓몬 ②

월   일

앞쪽에 있는 문제 4번을 풀고 도전해 보세요.
정답은 마지막 문제인 59번 뒤에 있어요.

● 출발에서 도착까지 미로를 지나가요. 포켓몬이 있는 곳은 지나갈 수 없어요. 오른쪽 [규칙]을 따라 이동해 보세요.

규칙
① 사다리는 오르내릴 수 있어요.
② 다리 밑은 지나갈 수 있어요.
③ ▬ 위도 지나갈 수 있어요.
   ▬ 을 부수면 그 길은 지나갈 수 있지만
   ▬ 위의 길은 지나갈 수 없어요.

보기

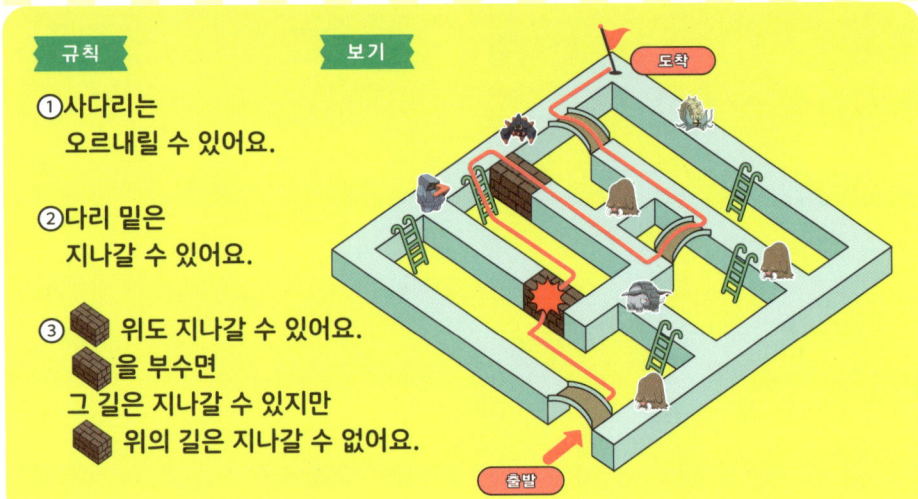

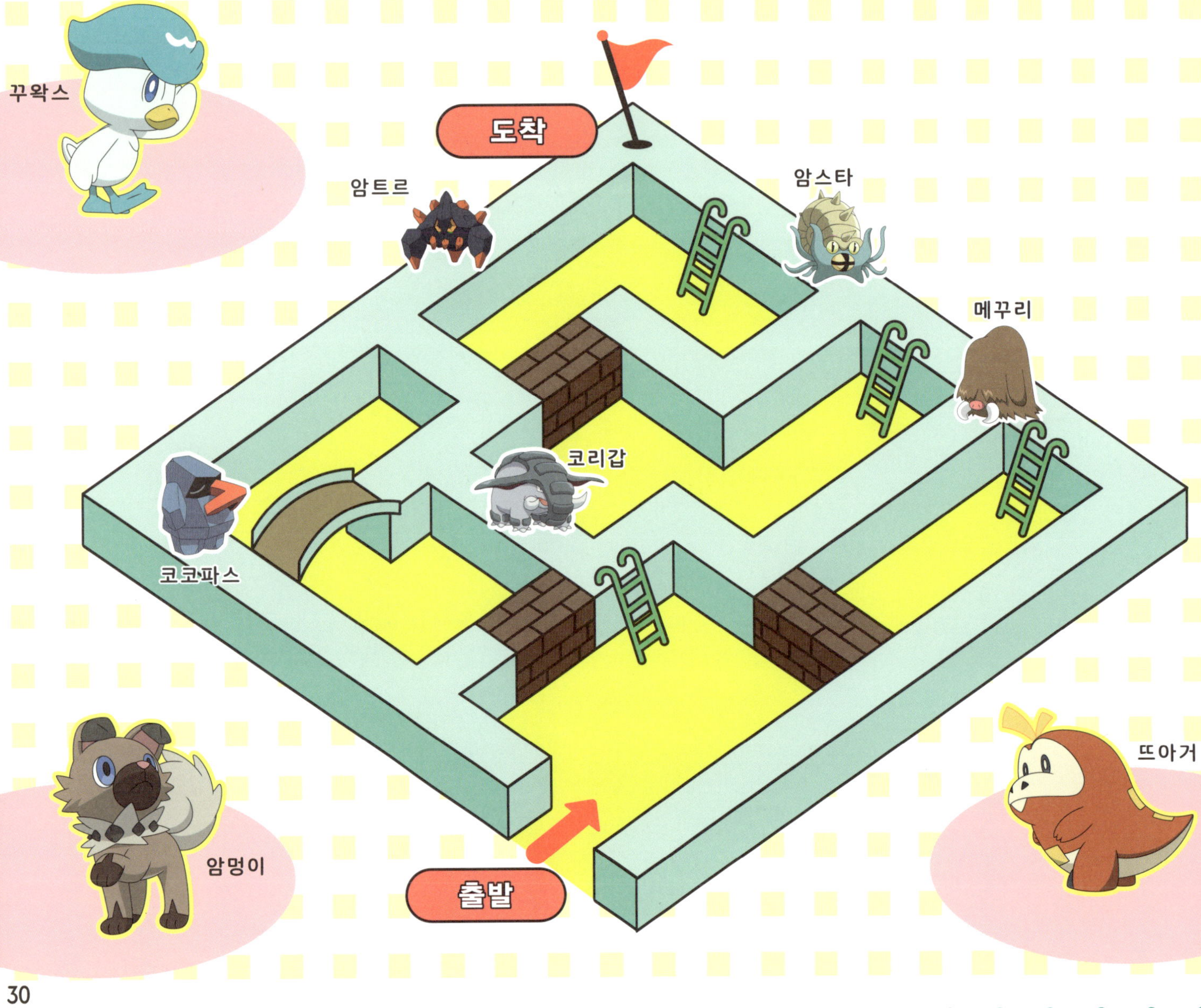

문제 30

보물 상자를 향해! ②

● [보기]처럼 레어코일이 프로그램에 따라 출발해서 보물 상자를 향해 가요.
프로그램 Ⓐ와 Ⓑ에 따르면 레어코일은 ㄱ~ㄹ 중 각각 어느 보물 상자에 도착하게 될까요?

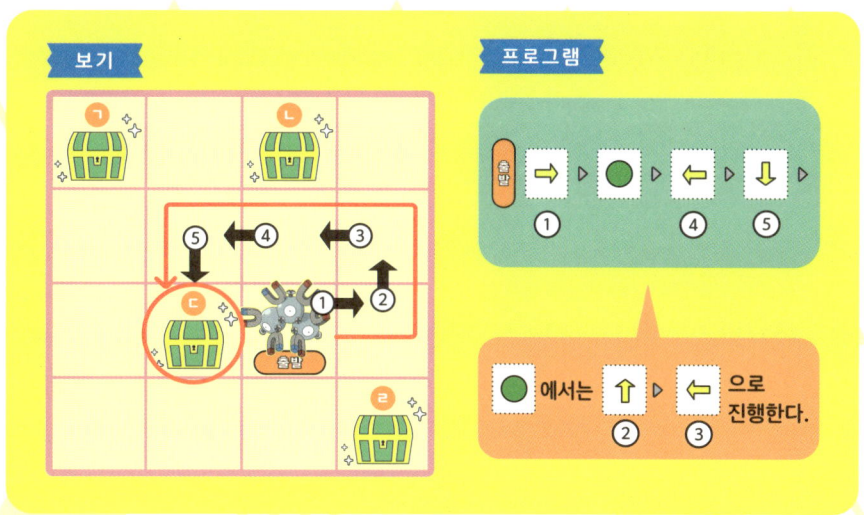

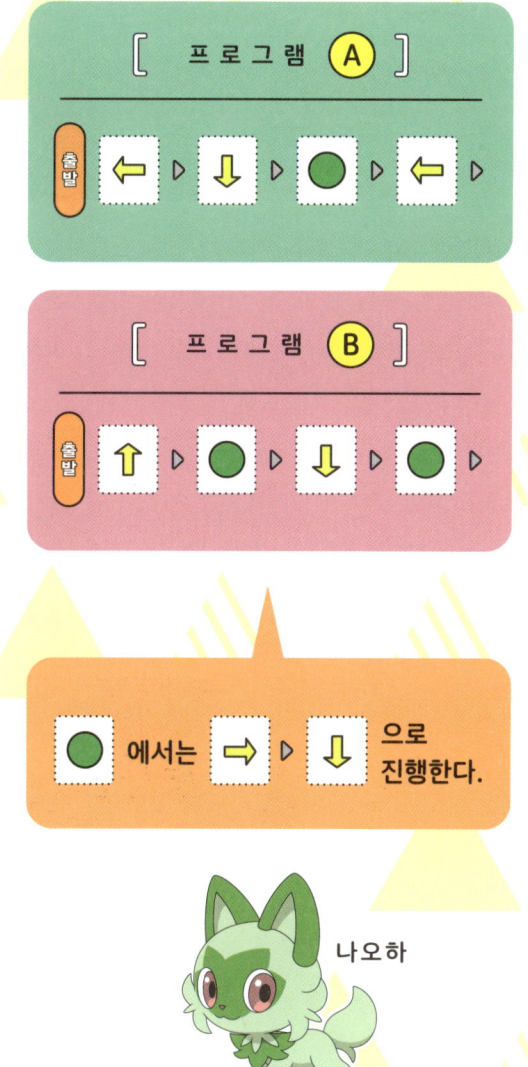

나오하

문제 31

글자 지우기 퀴즈 ②

월   일

앞쪽에 있는 문제 6번을 풀고 도전해 보세요.
정답은 마지막 문제인 59번 뒤에 있어요.

● 아래 [규칙]에 따라
[보기]처럼 글자를 지워요.
남은 글자를 조합하면
어떤 포켓몬의 이름이 나올까요?
①~③에서 찾아보세요.

보기

정답 : 멍파치

규칙

빨간색
〰️ 이거나
초록색
〰️ 이거나
마름모 모양
◇ 이면
글자를 지워요.

① 고릴타

② 에이스번

③ 인텔리레온

월   일

앞쪽에 있는 문제 7번을 풀고 도전해 보세요.
정답은 마지막 문제인 59번 뒤에 있어요.

● 치라치노가 청소를 하면서 질퍽이가 있는 방으로 가요. 오른쪽 [규칙]에 따라 모든 방을 지나가세요.

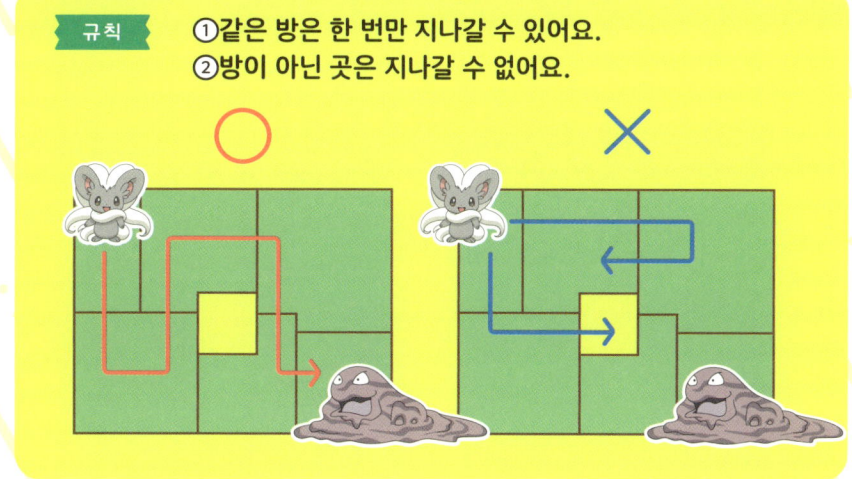

치라치노
△ 스카프포켓몬
먼지 한 톨도 용납하지 않는 결벽증을 가졌다.

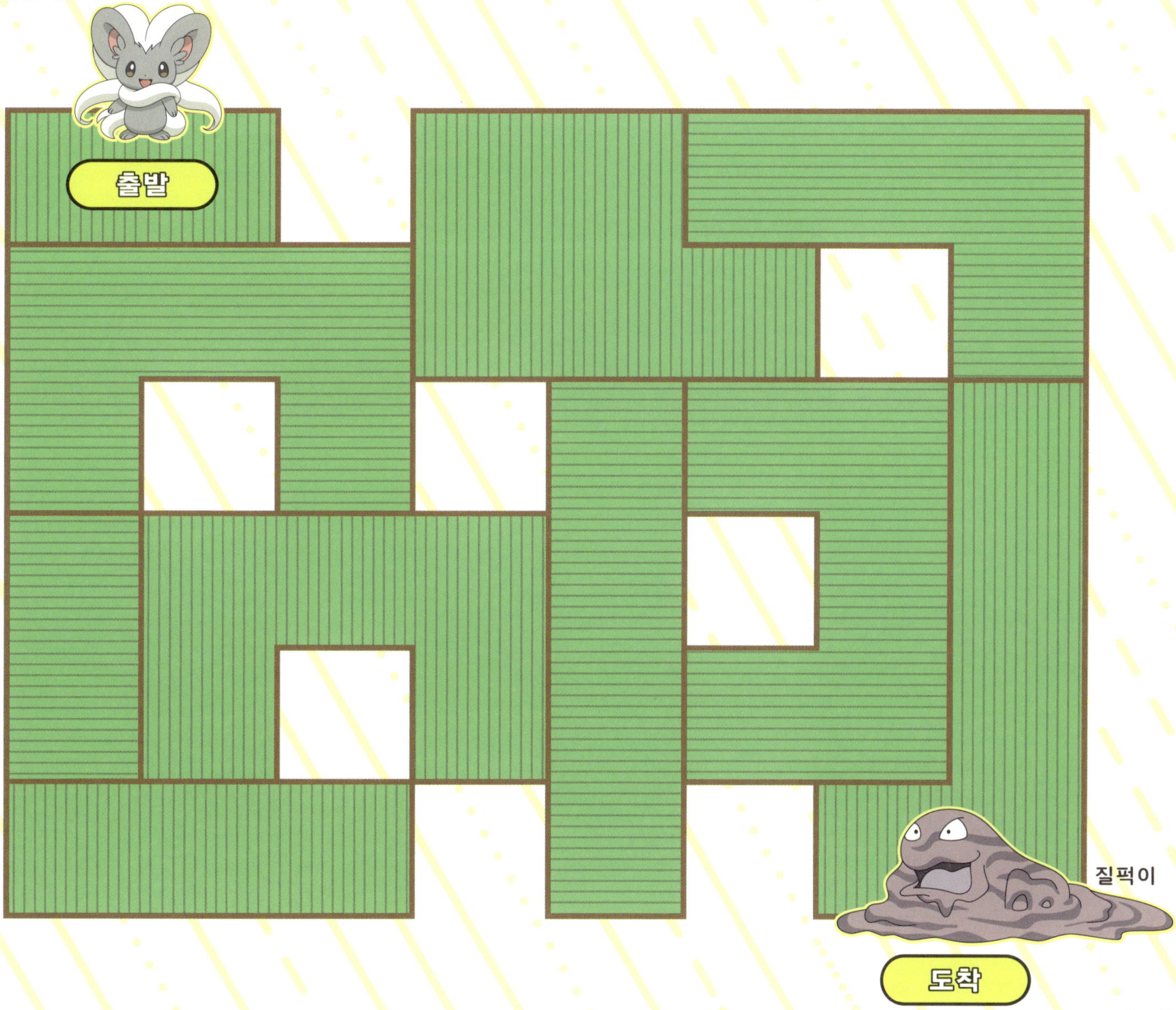

문제
33

시행착오력

계단 미로 ②

월 일

앞쪽에 있는 문제 8번을 풀고 도전해 보세요.
정답은 마지막 문제인 59번 뒤에 있어요.

●뜨아거가 계단을 오르내려서 도착 지점으로 가요. [규칙]대로 계단을 한 칸씩 오르내리거나, 워프해서 도착 지점에 다다라요.

규칙

①계단은 반드시 한 칸씩 이동해요.
두 칸이 있는 곳은
오르거나 내려갈 수 없어요.
②사다리가 있으면
오르거나 내려갈 수 있지만
울타리가 있는 곳은
지나갈 수 없어요.
③같은 모양이 있는 문으로
워프할 수 있어요.

보기

빠모

꾸왁스

나오하

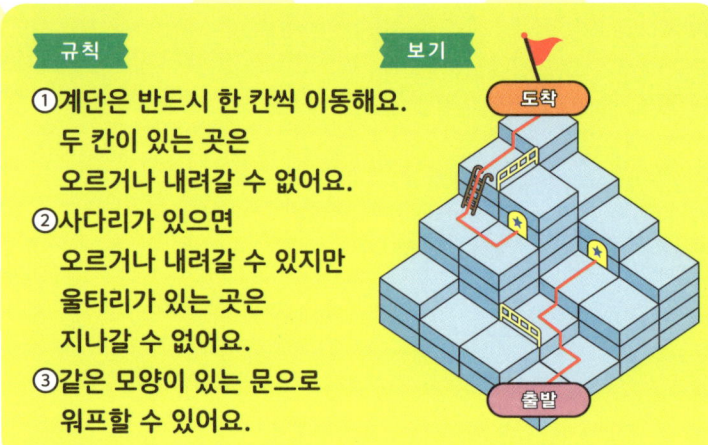

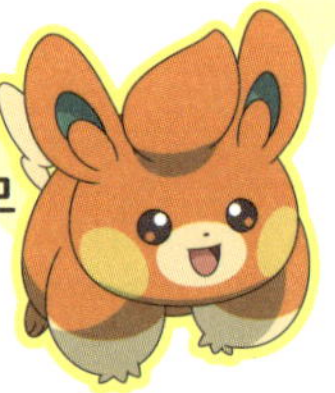

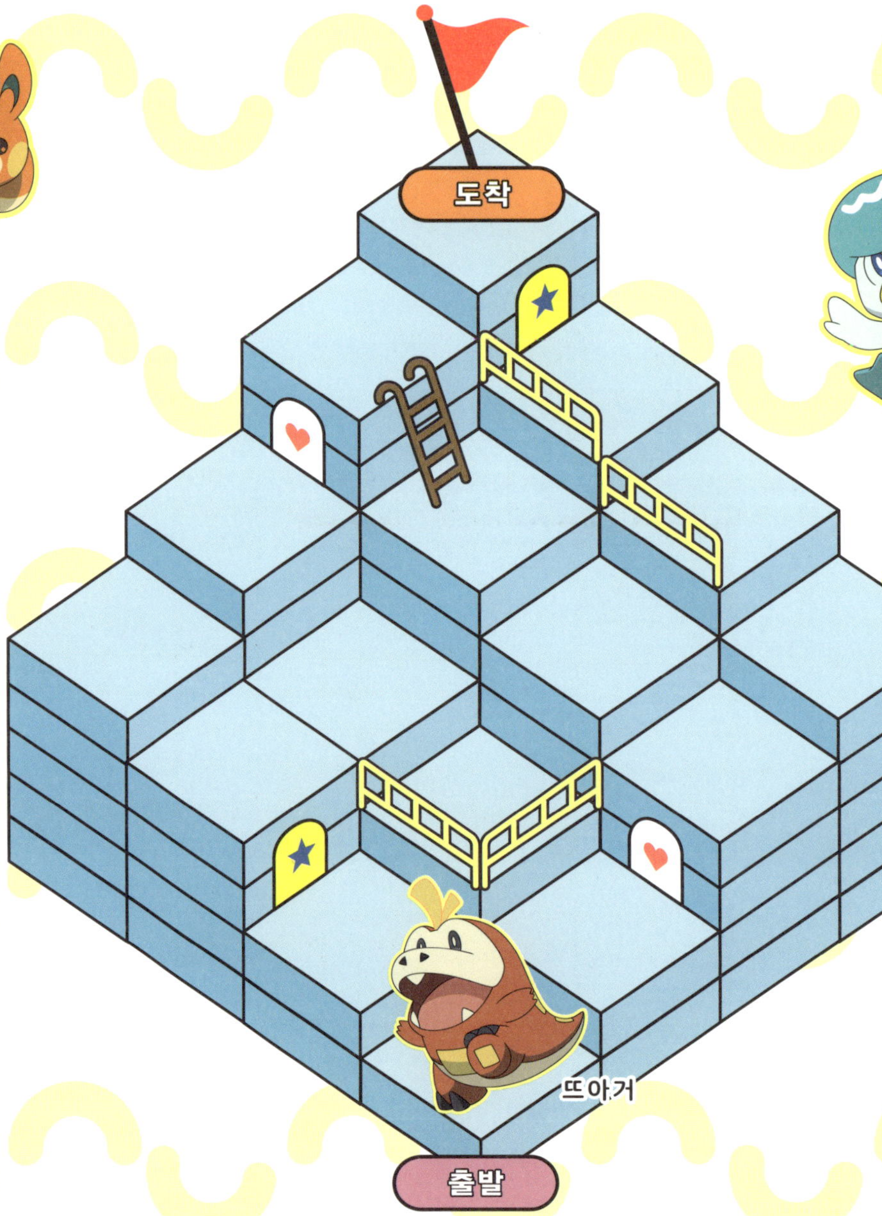

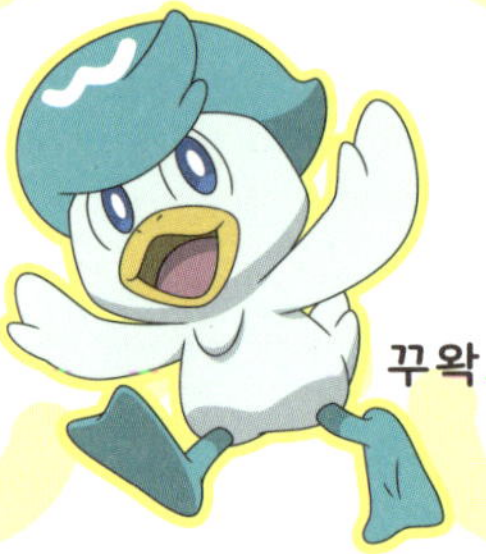

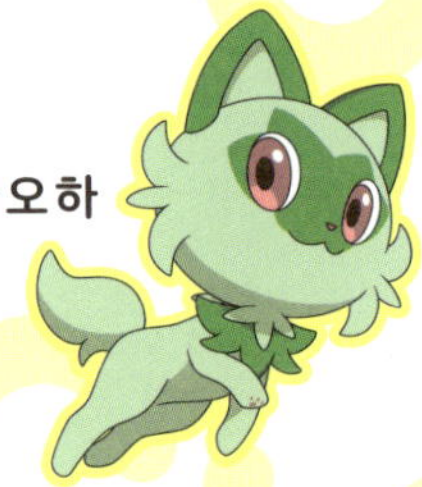

문제 34

고우를 만나러 가자!

월 일

앞쪽에 있는 문제 9번을 풀고 도전해 보세요.
정답은 마지막 문제인 59번 뒤에 있어요.

●라프라스가 카드에 적힌 화살표를 따라 고우가 있는 곳으로 가요.
3장의 카드를 줄 때, ㉠~㉣ 중 어떤 카드를 어떤 순서대로 주면 좋을까요?
단, 돌이 있는 곳은 지나갈 수 없어요.

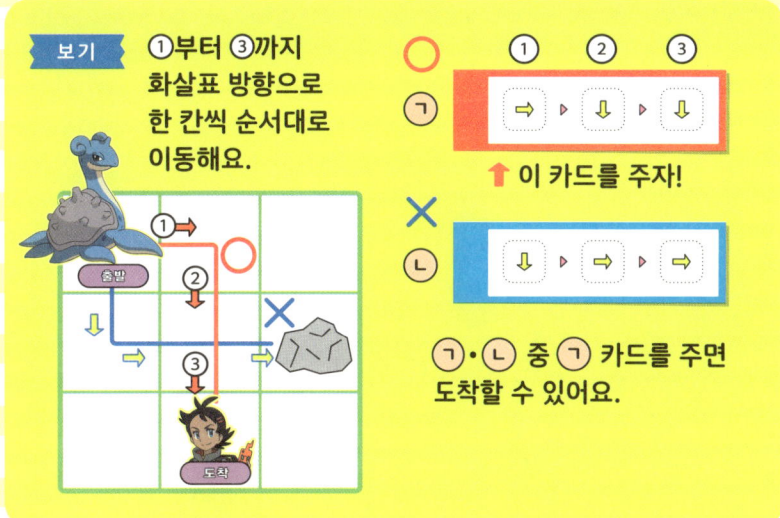

[카드]

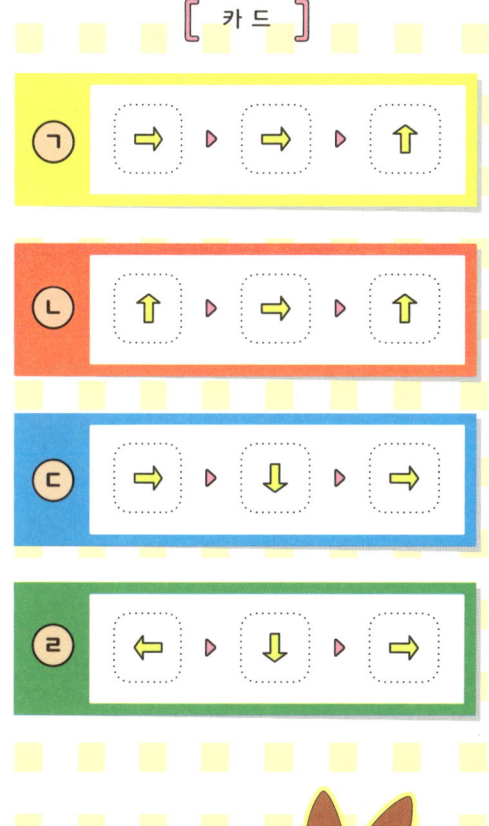

[정답] ☐ → ☐ → ☐ 의 순서대로 준다.

문제 35

사탕을 나누자!

월 일

앞쪽에 있는 문제 10번을 풀고 도전해 보세요.
정답은 마지막 문제인 59번 뒤에 있어요.

● 포켓몬들에게 사탕을 나눠 줘요.
각각의 포켓몬이 원하는 사탕 바구니를 찾아
선으로 연결해 보세요.

파치리스

데덴네

토게데마루

에몽가

| 빨간색과 파란색을 똑같은 수만큼 먹고 싶어. | 노란색보다 파란색을 더 많이 먹고 싶어. | 7개를 먹고 싶어. | 노란색과 빨간색을 똑같은 수만큼 먹고 싶어. |

문제 36

길을 연결하자! ②

월   일

앞쪽에 있는 문제 11번을 풀고 도전해 보세요.
정답은 마지막 문제인 59번 뒤에 있어요.

● ▭▭▭ 안에 있는 길을 조합해 이상해씨, 파이리, 꼬부기가 모두 연결되도록 길을 놓아요. 단, 길은 회전시킬 수 없어요.

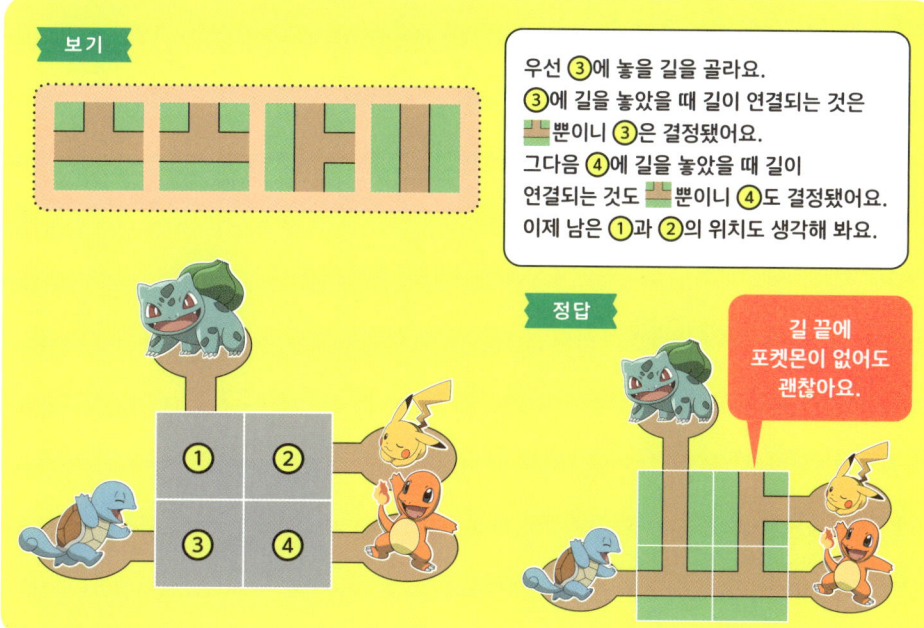

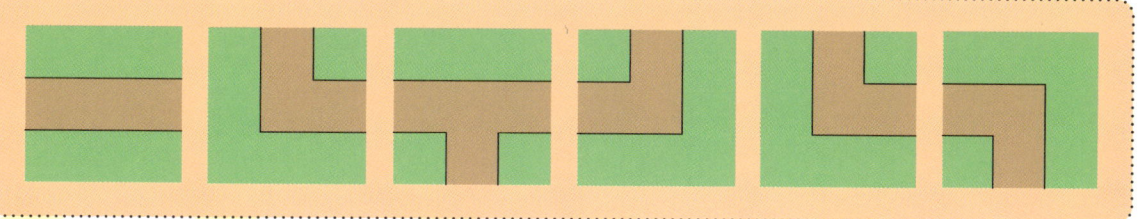

문제
37 어떤 밸브가 잠겨 있을까? ②

월 일

앞쪽에 있는 문제 12번을 풀고 도전해 보세요.
정답은 마지막 문제인 59번 뒤에 있어요.

수도관의 밸브를 하나 잠갔더니 아래와 같이 몇 개의 파이프에서 물이 나오지 않게 됐어요. 1~6 중 어느 밸브를 잠갔을까요?

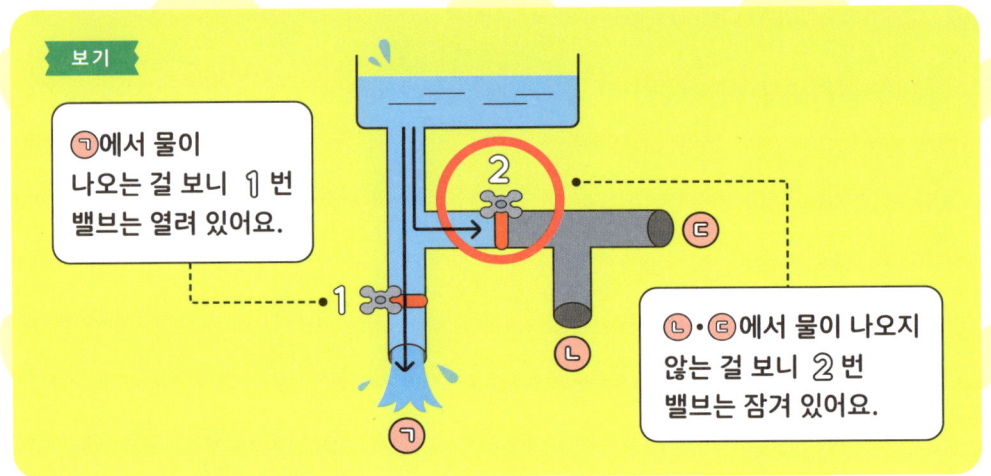

보기
㉠에서 물이 나오는 걸 보니 1번 밸브는 열려 있어요.
2
1
㉢
㉡
㉠
㉡・㉢에서 물이 나오지 않는 걸 보니 2번 밸브는 잠겨 있어요.

개구마르

1
2
3
4
5
6

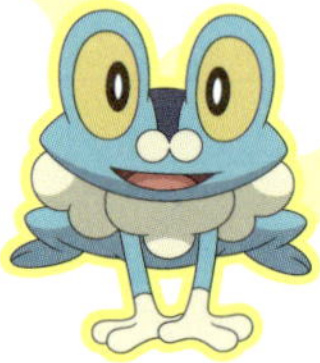

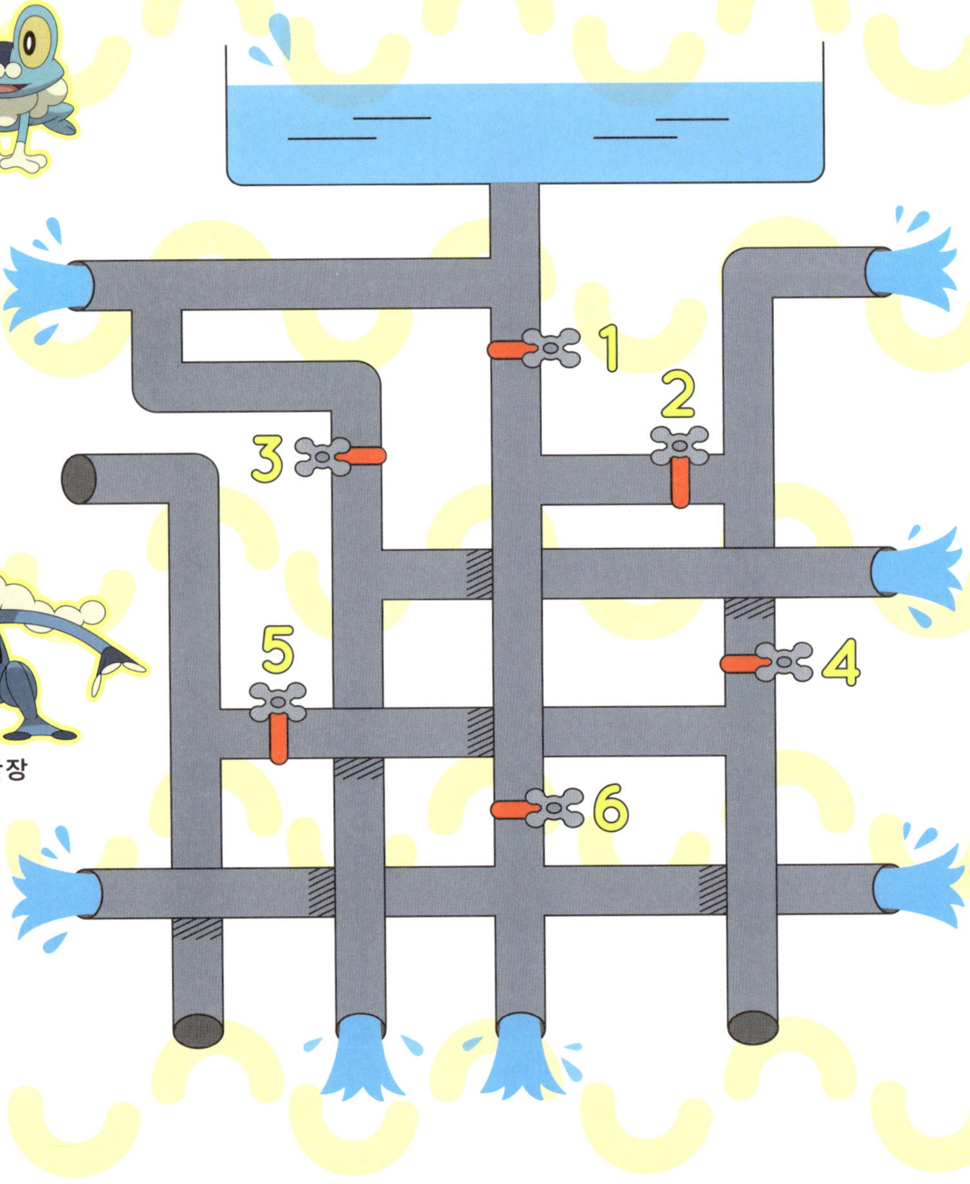

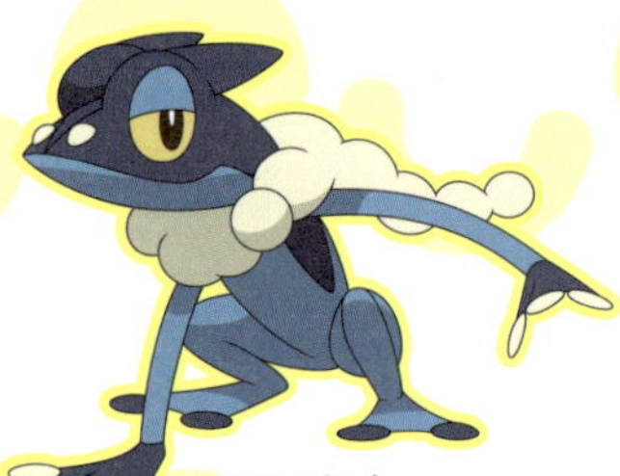

개굴반장

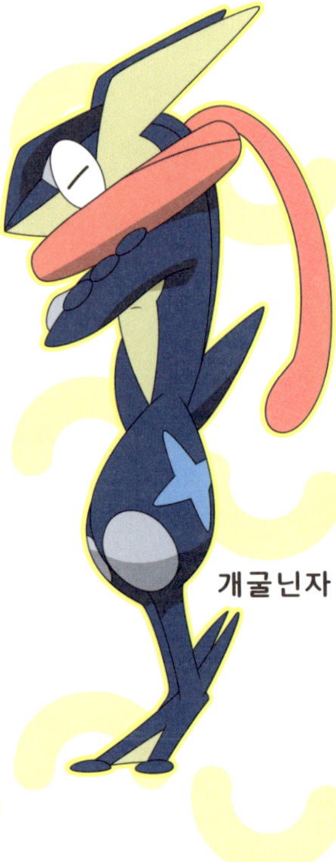

개굴닌자

문제 38

어느 쪽으로 갈까? ②

월   일

앞쪽에 있는 문제 13번을 풀고 도전해 보세요.
정답은 마지막 문제인 59번 뒤에 있어요.

● 나오하가 오른쪽 아래에 있는 프로그램에 따라 출발해요.
과연 누구에게 도착할까요?

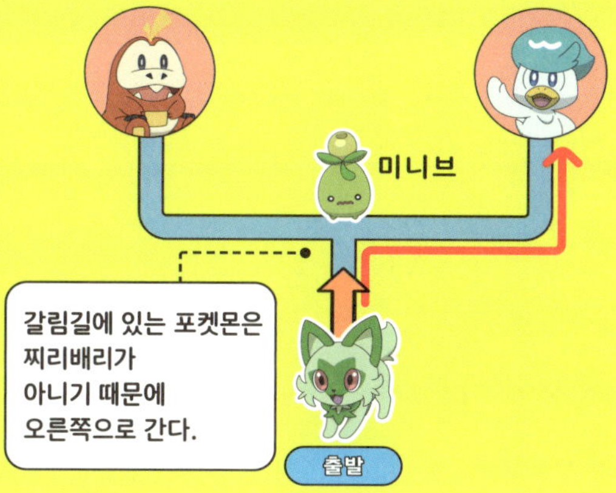

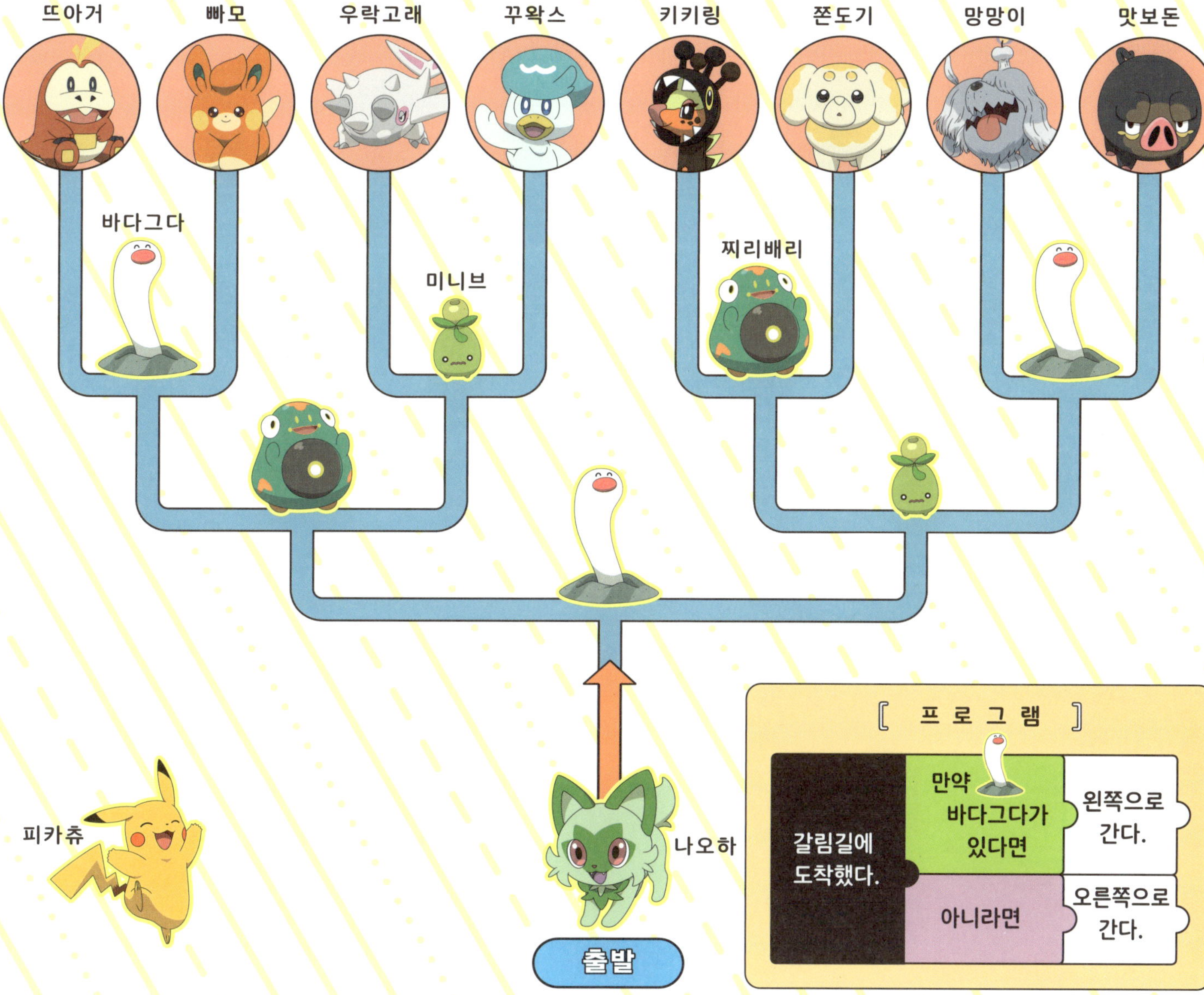

문제 39 — 의자의 위치를 바꾸자!

월   일

앞쪽에 있는 문제 14번을 풀고 도전해 보세요.
정답은 마지막 문제인 59번 뒤에 있어요.

● 포켓몬들이 의자에 앉아 있어요. 대로 위치를 바꿀 경우, 마지막인 ④는 ㉠~㉢ 중 어떤 모습이 될까요?

보기
대로 피카츄와 팽도리의 위치를 바꾸면 ⬜ 가 돼요.

피카츄 ↔ 팽도리

먹고자 염버니 나몰빼미 피카츄 팽도리

문제 **40**

시행착오

구멍을 막자! ②

월 일

앞쪽에 있는 문제 15번을 풀고 도전해 보세요.
정답은 마지막 문제인 59번 뒤에 있어요.

●바다그다가 바닷가에 구멍을 팠어요.
아래, 3장의 널빤지를 이용해 모든 구멍을 막으려면 어떻게 놓아야 할까요?

규칙

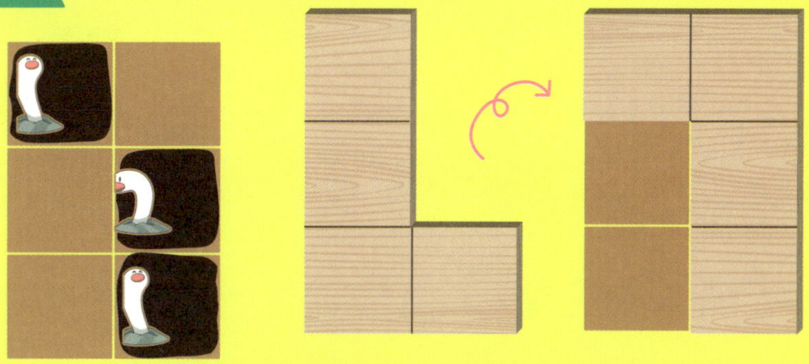

널빤지는 회전해서 놓을 수 있어요.

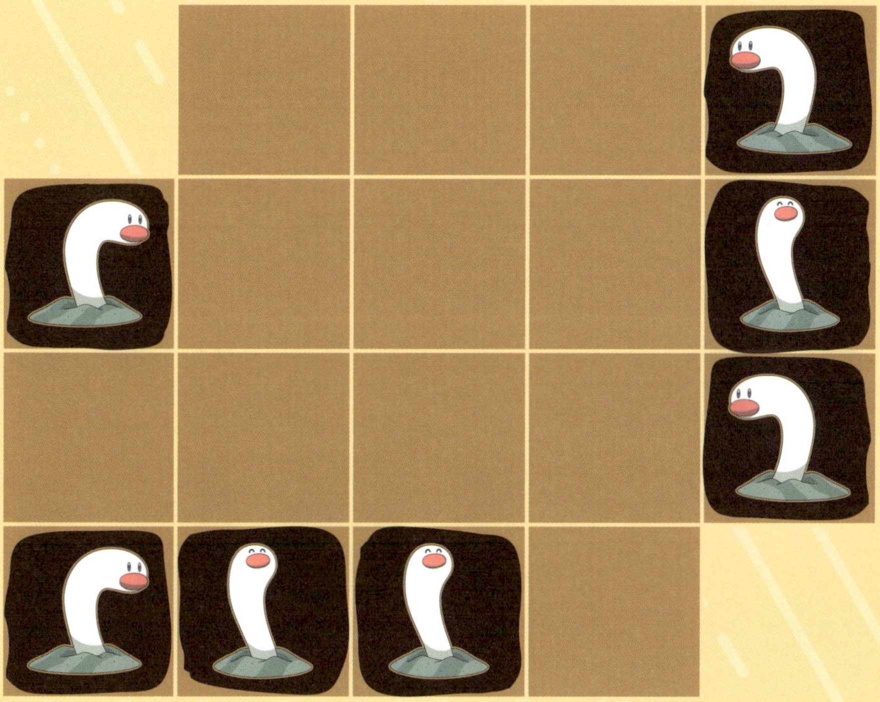

바다그다

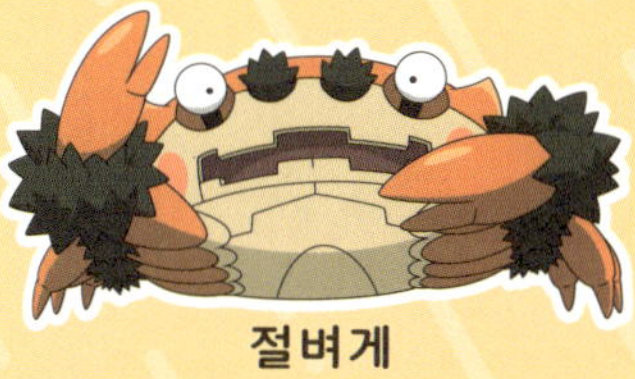

절벽게

널빤지 ①

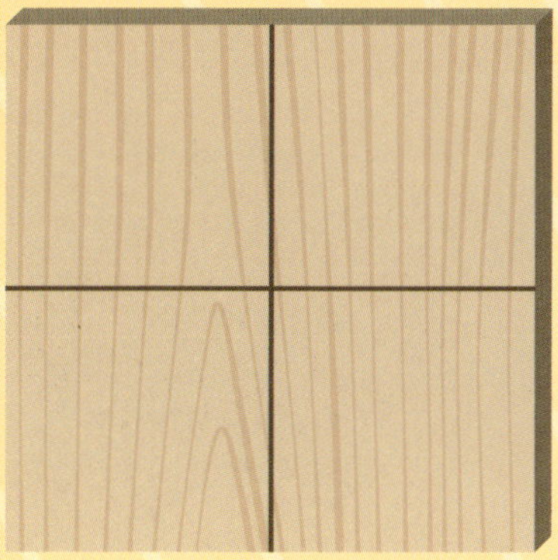

널빤지 ②

널빤지 ③

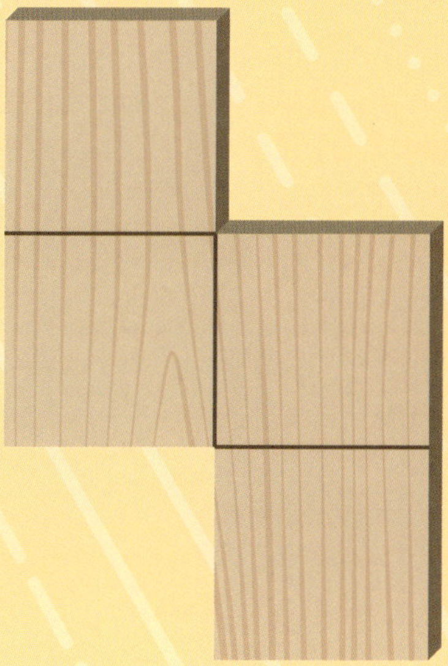

얼음을 깨자!

월 일

앞쪽에 있는 문제 16번을 풀고 도전해 보세요.
정답은 마지막 문제인 59번 뒤에 있어요.

● 포켓몬 4마리가 얼음덩어리를 깨요. [규칙]에 따라 모든 얼음을 깨려면 어느 칸에 포켓몬을 두어야 할까요?

규칙

① 🧊 칸에는 포켓몬을 둘 수 없어요.
② 포켓몬 주변 8개의 칸에 있는 얼음만 깰 수 있어요.
③ 2개의 얼음이 있는 칸은 포켓몬 2마리의 힘을 써야 해요.

영치코

차오꿀

번치코

염무왕

문제 42

피카츄를 만나러 가자!

앞쪽에 있는 문제 17번을 풀고 도전해 보세요.
정답은 마지막 문제인 59번 뒤에 있어요.

● 나오하가 도착 지점에 있는 피카츄를 만나러 가요. 오른쪽 아래에 있는 프로그램의 ? 에는 각각 어느 방향의 화살표가 들어갈까요?
(모든 볼을 지나지 않아도 괜찮아요.)

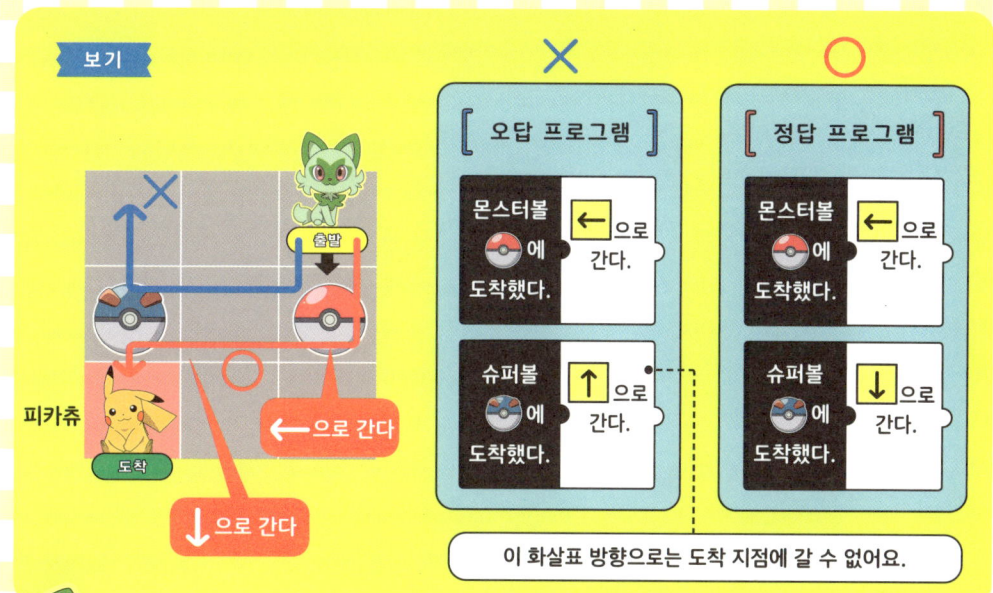

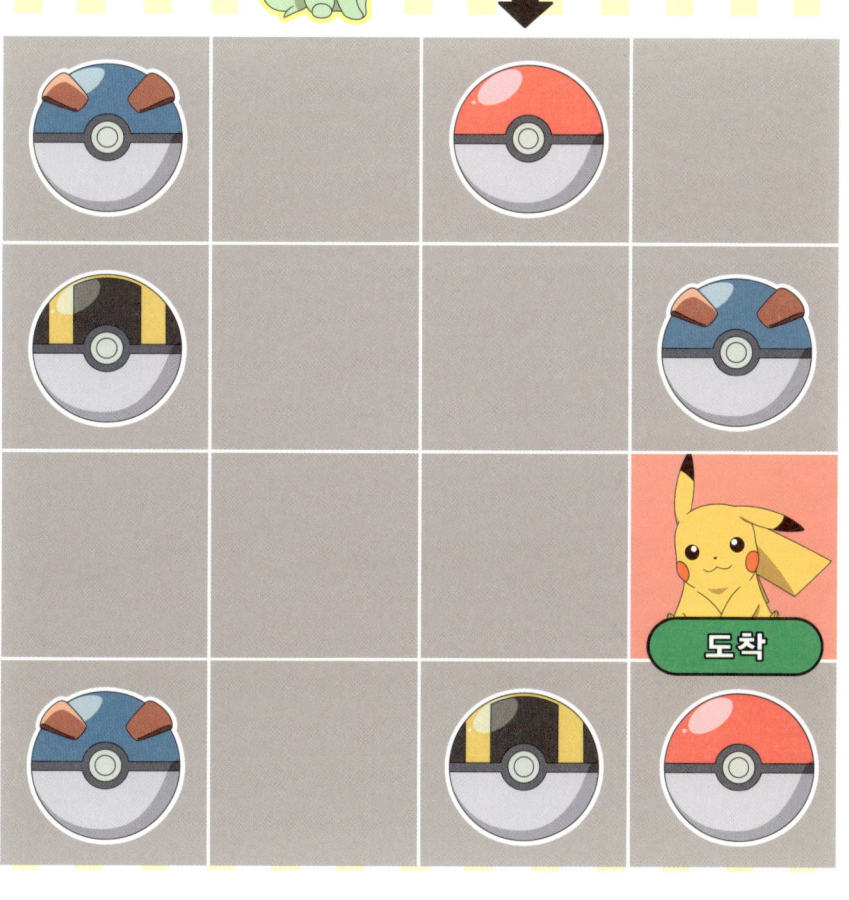

문제 43

알맞게 조합하자! ②

월   일

앞쪽에 있는 문제 18번을 풀고 도전해 보세요.
정답은 마지막 문제인 59번 뒤에 있어요.

● [규칙]에 따라 몬스터볼 과 슈퍼볼 을 같은 조합이 되도록 나눠요. 아래 ㉠~㉣ 중 정답은 무엇일까요? [보기]를 잘 살펴보세요.

규칙
① 볼이 남지 않도록 해요.
② 볼이 늘어선 순서는 달라도 상관없어요.

보기
○ ㉠의 경우, 같은 조합 3개가 완성됐어요.
　볼이 늘어선 순서는 달라도 개수가 똑같은 조합이면 돼요.

× ㉡이나 ㉢의 경우는 같은 조합이 완성되지 않아요.

대굴레오
▽ 손뼉포켓몬
유빙의 위를 데굴데굴 굴러다닌다.

누리공

문제 44 · 편지를 배달하자!

월   일

앞쪽에 있는 문제 19번을 풀고 도전해 보세요.
정답은 마지막 문제인 59번 뒤에 있어요.

● 패리퍼가 편지를 배달해요.
모든 집을 한 번씩 지나쳐 되돌아올 경우,
빨간색 집은 몇 번째에 지나게 될까요?

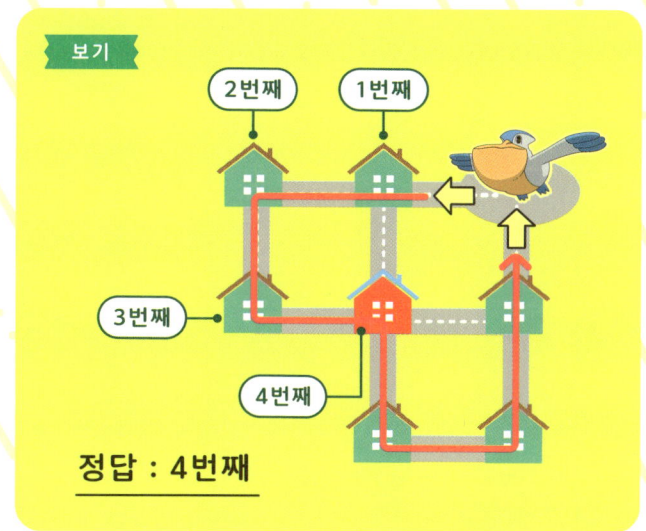

정답 : 4번째

갈모매   콕코구리

화살꼬빈

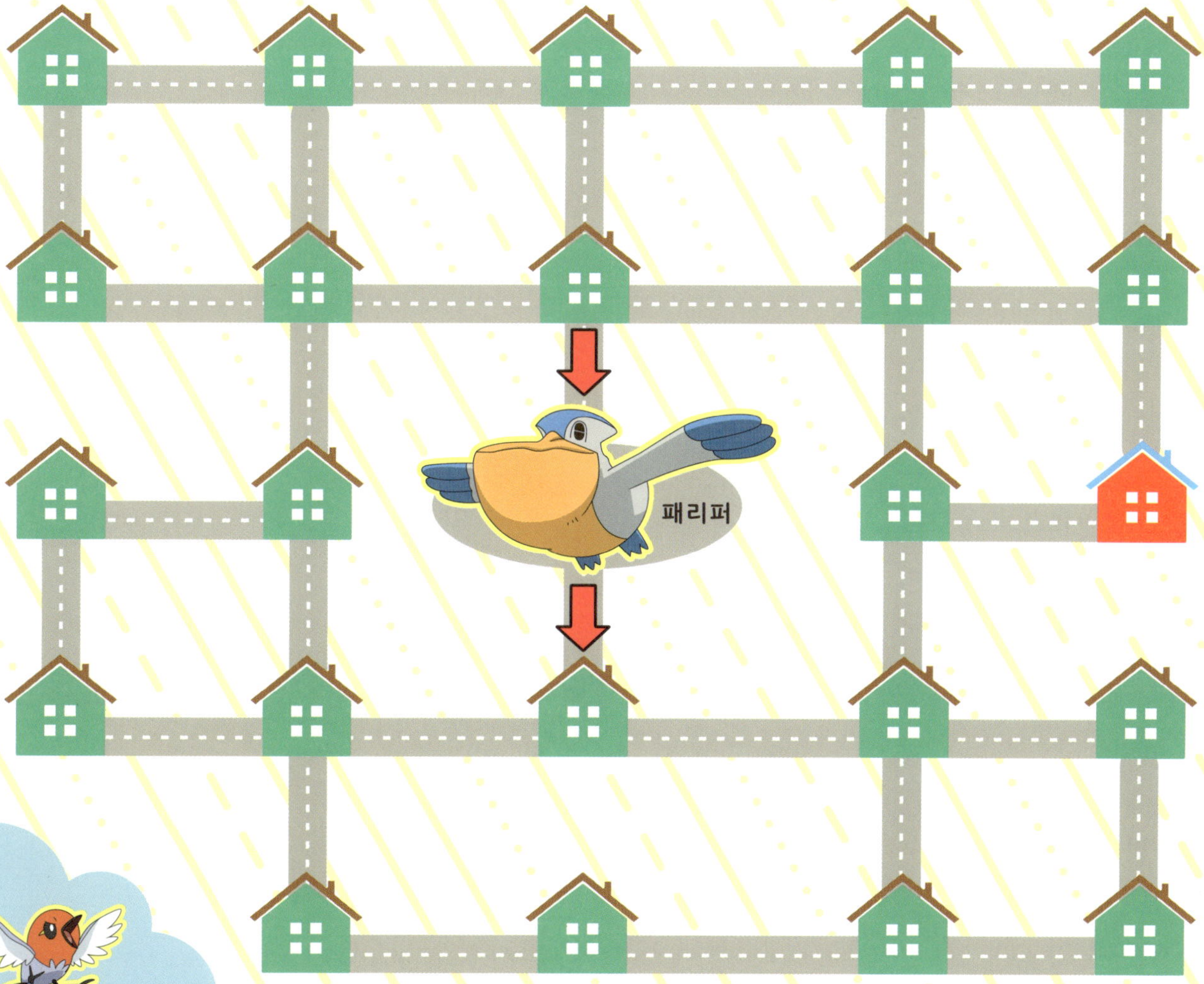

문제 45 · 그루터기 점프!

월   일

앞쪽에 있는 문제 20번을 풀고 도전해 보세요.
정답은 마지막 문제인 59번 뒤에 있어요.

●나오하와 흥나숭이 그루터기 위를 점프해 이동해요. [규칙]에 표시된 방법을 반복해서 도착 지점까지 이동할 경우, [규칙]을 적게 반복한 포켓몬은 누구일까요?

규칙

나오하는 앞으로 4칸 갔다, 3칸 되돌아와요.

흥나숭은 앞으로 1칸 갔다, 3칸 되돌아와요.

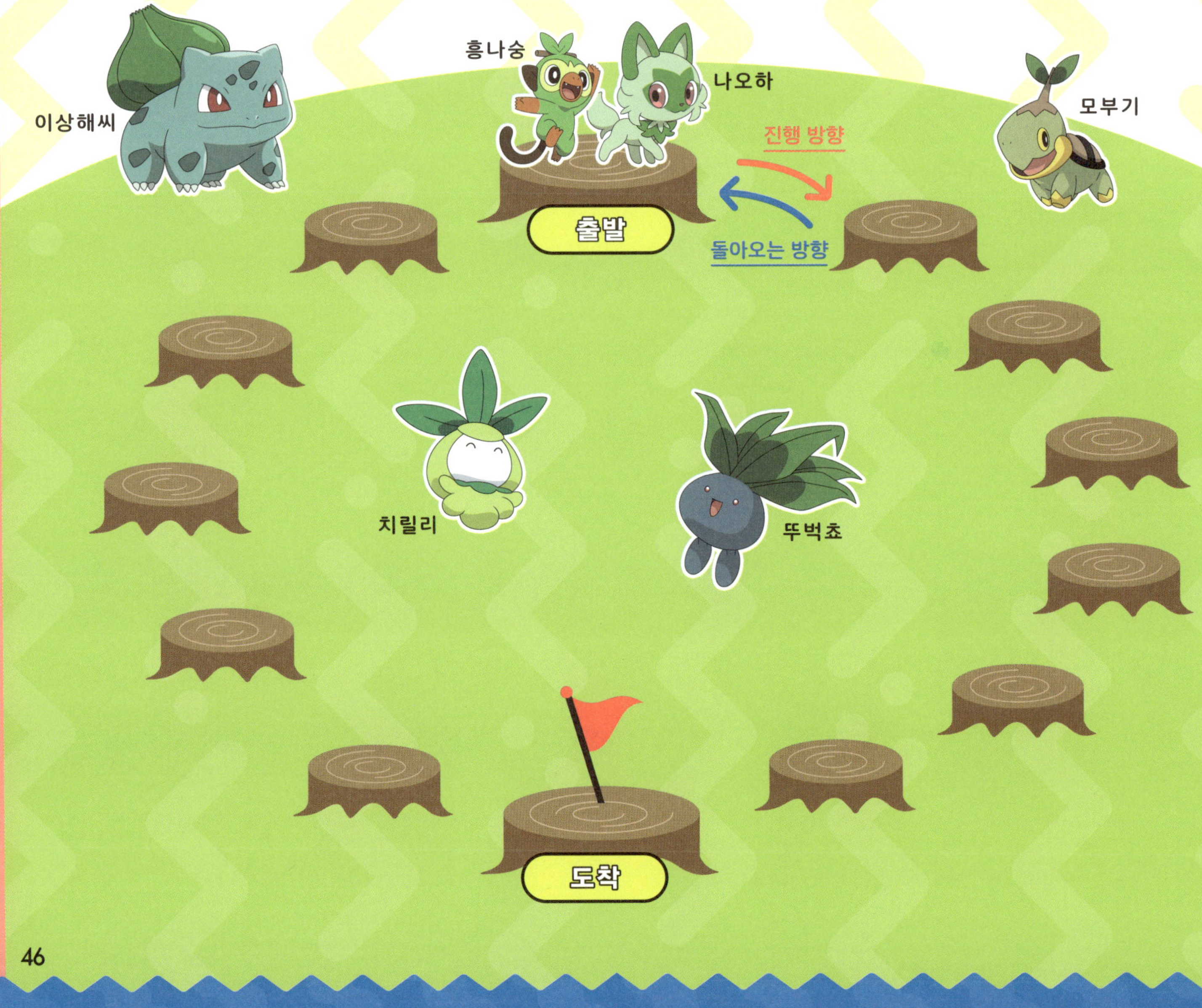

포켓몬 배틀 ②

앞쪽에 있는 문제 21번을 풀고 도전해 보세요.
정답은 마지막 문제인 59번 뒤에 있어요.

● 포켓몬들이 3마리씩 팀이 되어 배틀을 해요. 1회전마다 포켓몬을 딱 1마리씩만 교체할 경우, 2·4·5·6회전에서 배틀할 포켓몬은 ㉠~㉣ 중 각각 누구일까요?

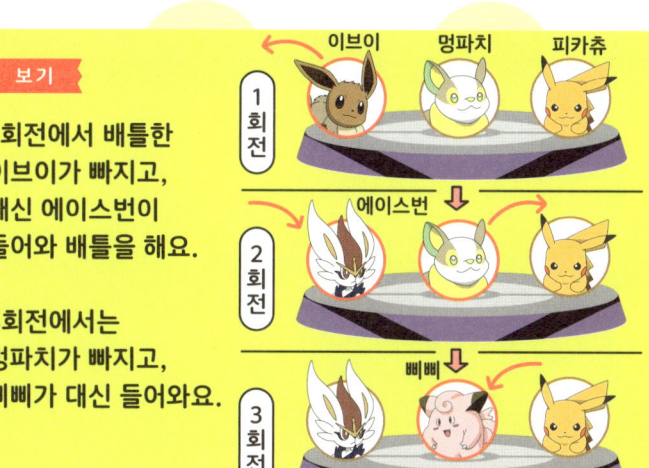

보기
1회전에서 배틀한 이브이가 빠지고, 대신 에이스번이 들어와 배틀을 해요.

3회전에서는 멍파치가 빠지고, 삐삐가 대신 들어와요.

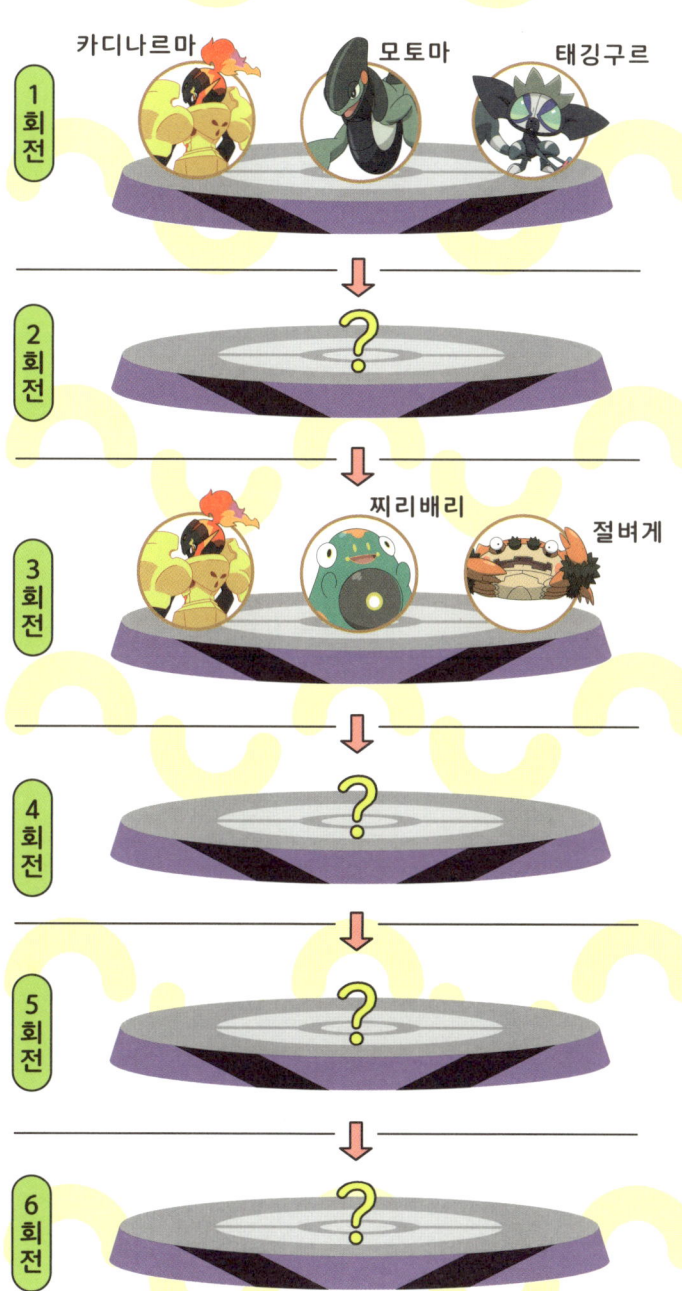

문제 47

샌드위치를 만들자!

●쫀도기에게 샌드위치를 만들어 주려고 해요. 프로그램 Ⓐ와 Ⓑ에 따라 만들 경우, ㉠~㉢ 중 어떤 샌드위치가 완성될까요?

앞쪽에 있는 문제 22번을 풀고 도전해 보세요. 정답은 마지막 문제인 59번 뒤에 있어요.

[프로그램 Ⓐ]

[프로그램 Ⓑ]

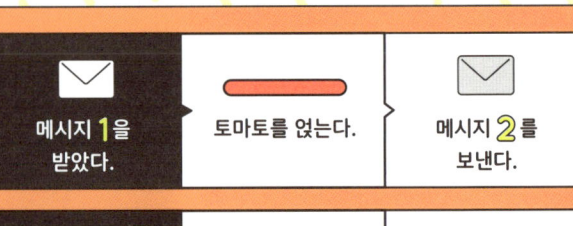

㉠ 　㉡ 　㉢

쫀도기
△ 강아지포켓몬
숨결에 포함되어 있는 효모가 요리에 도움이 된다.

문제 48

구멍을 파자! ②

월   일

앞쪽에 있는 문제 23번을 풀고 도전해 보세요.
정답은 마지막 문제인 59번 뒤에 있어요.

● 입구부터 파르빗과 파르토가 있는 구멍이 모두 연결되도록 구멍을 파요. 삽의 개수만큼 ⬬을 팔 수 있어요. 어디를 파면 좋을까요?

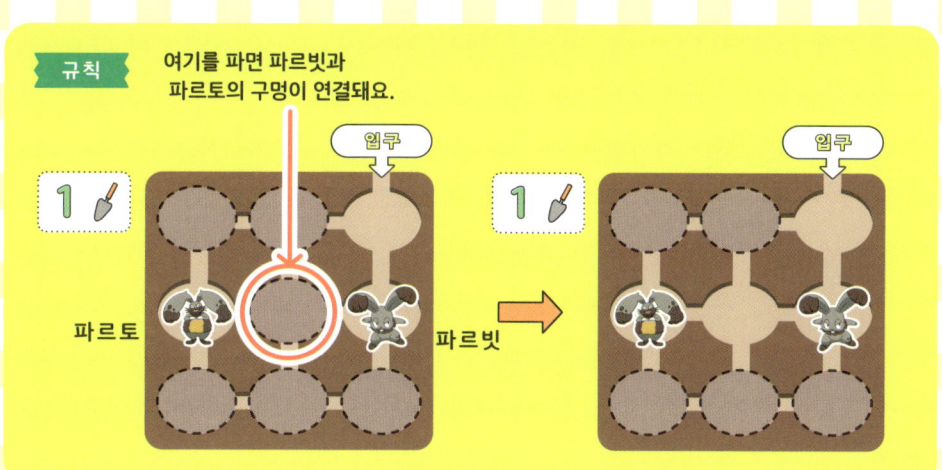

6 🔨🔨🔨🔨🔨🔨

뜨아거

어디에 도착할까? ②

월   일

앞쪽에 있는 문제 24번을 풀고 도전해 보세요
정답은 마지막 문제인 59번 뒤에 있어요.

● 이브이가 프로그램에 따라
나무열매를 주우며 포켓몬을 만나러 가요.
이브이가 도착하는 곳에는
어떤 포켓몬이 있을까요?
[보기]를 잘 보고 정답을 찾아보세요.

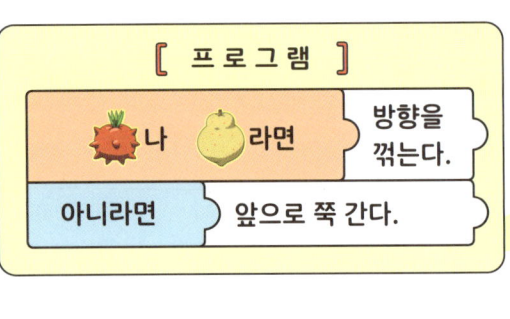

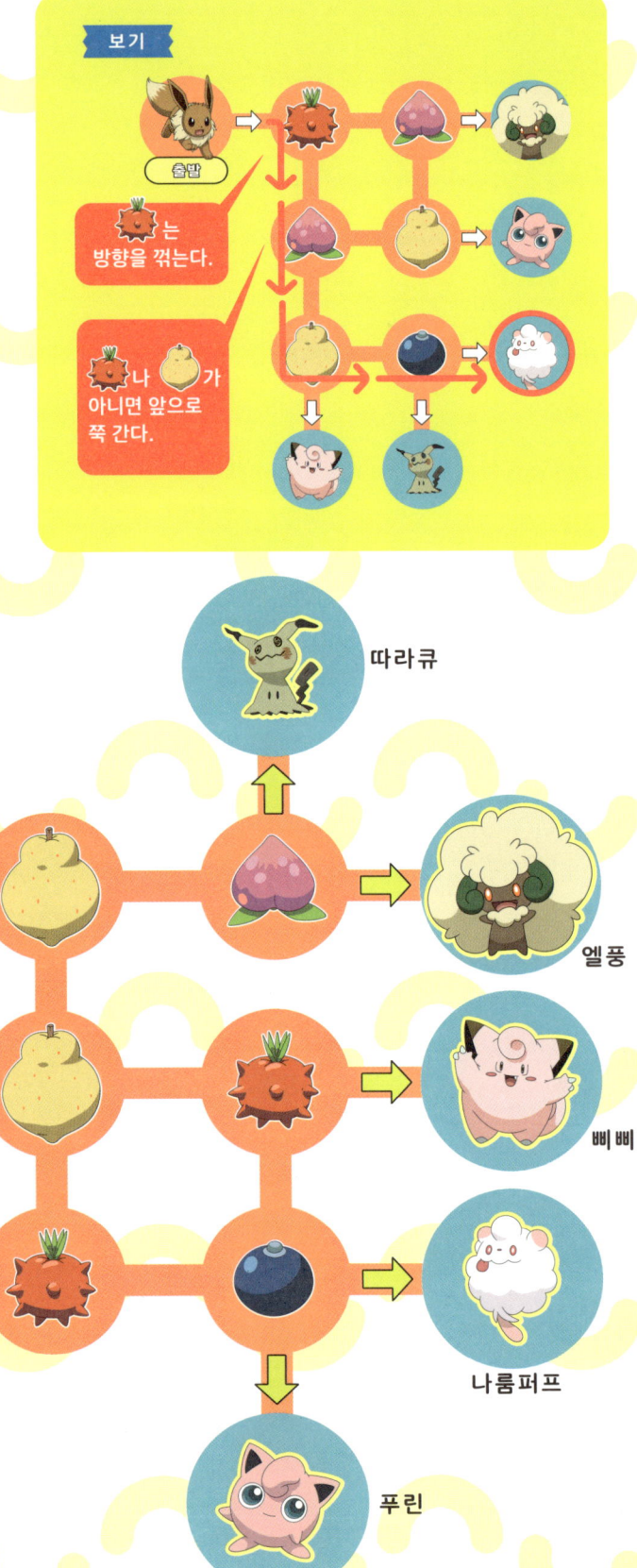

문제 **50**

시행착오력

나무열매를 나눠 주자! ②

월 일

앞쪽에 있는 문제 25번을 풀고 도전해 보세요.
정답은 마지막 문제인 59번 뒤에 있어요.

●지우가 나무열매를 나눠 줘요. 같은 길을 2번 지나지 않으면서 [규칙]에 따라 도착했을 때 나무열매의 개수가 0이 되어야 해요.
(모든 칸을 지나지 않아도 돼요.)

규칙

①처음에 지우는 ●의 수만큼 나무열매를 가지고 있다.

②나무열매 칸에서는 ●의 수만큼 나무열매를 줍는다.

③포켓몬이 있는 칸에서는 ●의 수만큼 나무열매를 나눠 준다.

보기

나무열매를 1개 가지고 있다.

나무열매를 2개 줍는다. 모두 3개를 가지고 있다.

나무열매를 3개 나눠 준다. 가지고 있는 나무열매는 0개이다.

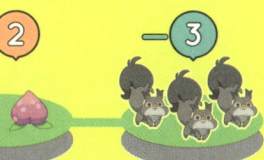

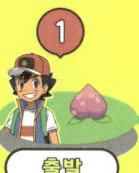

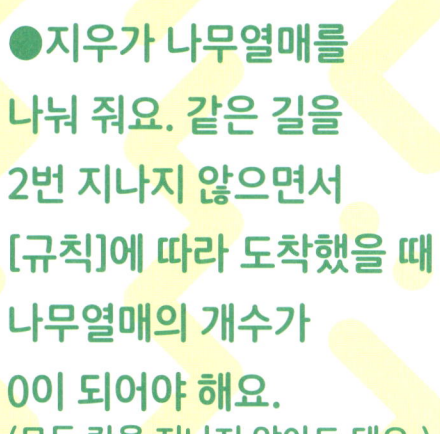

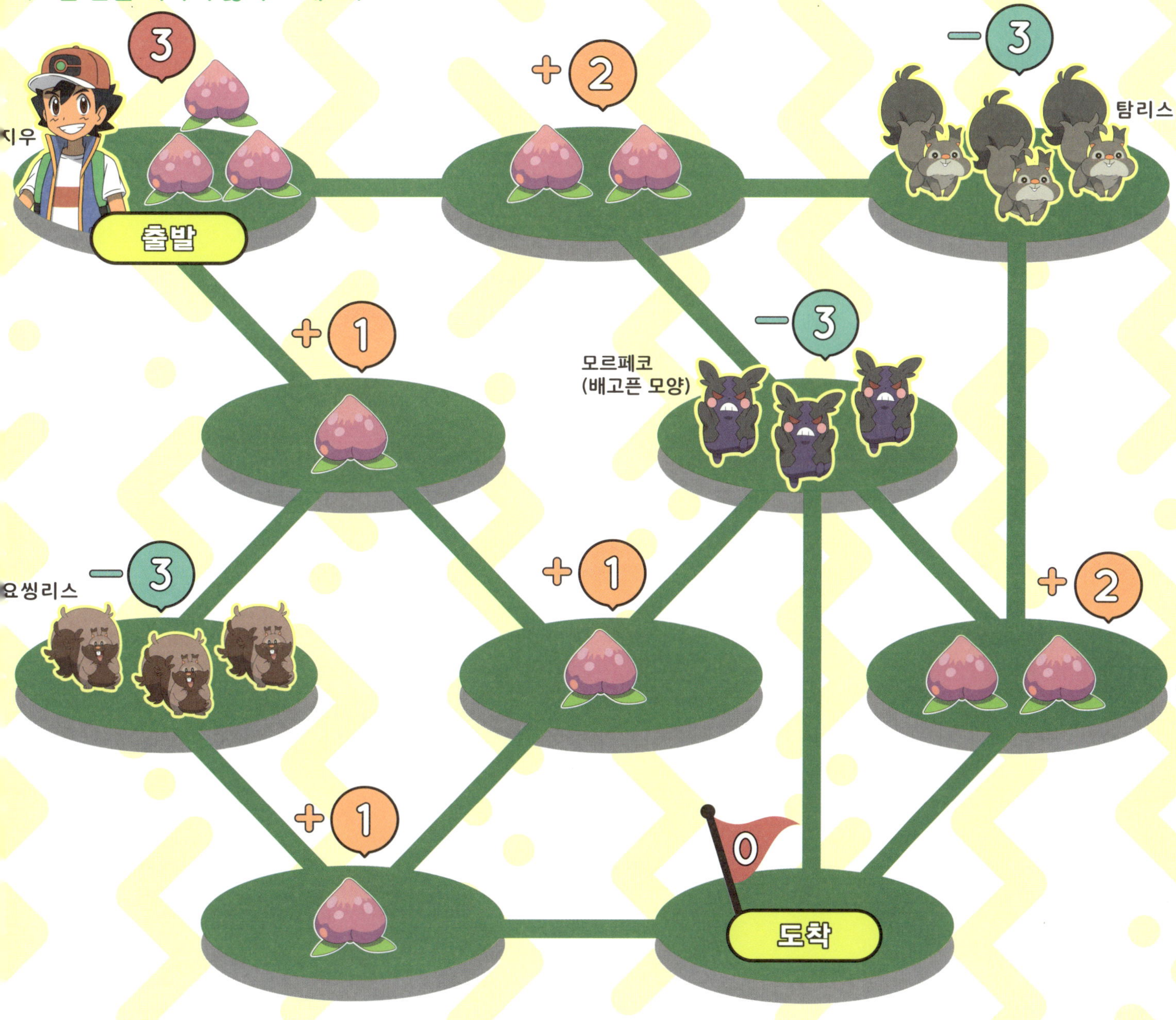

문제 51

이브이를 만나러 가자!

앞쪽에 있는 문제 17·42번을 풀고 도전해 보세요.
정답은 마지막 문제인 59번 뒤에 있어요.

● 염버니가 도착 지점에 있는 이브이를 만나러 가요. 아래에 있는 프로그램의 ? 에는 각각 어느 방향의 화살표가 들어갈까요?
(모든 볼을 지나지 않아도 괜찮아요.)

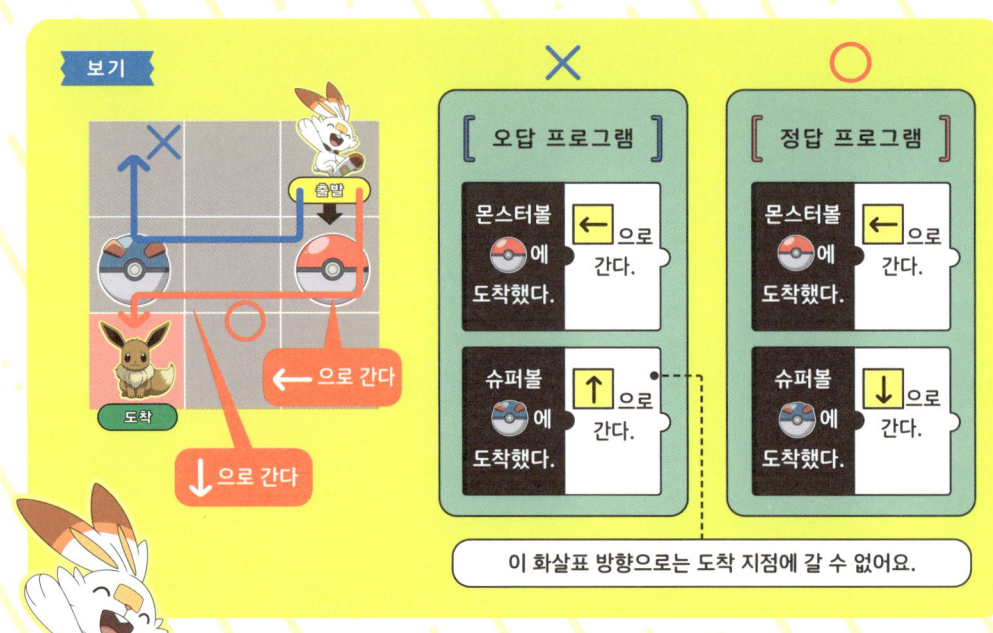

프로그램: 몬스터볼에 도착했다. [?]으로 간다. / 슈퍼볼에 도착했다. [?]으로 간다. / 하이퍼볼에 도착했다. [?]으로 간다.

 모든 구름을 지나가자!

앞쪽에 있는 문제 7·32번을 풀고 도전해 보세요.
정답은 마지막 문제인 59번 뒤에 있어요.

● 파비코가 구름을 지나 파비코리가 있는 곳으로 가요. 오른쪽 [규칙]에 따라 모든 구름을 지나가세요.

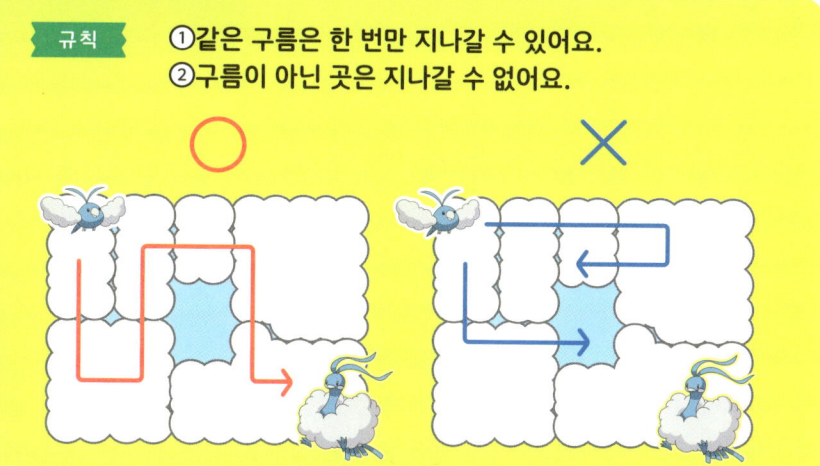

규칙
① 같은 구름은 한 번만 지나갈 수 있어요.
② 구름이 아닌 곳은 지나갈 수 없어요.

파비코

출발

파비코리

도착

문제 53 쿠키를 나누자!

월　　　일

앞쪽에 있는 문제 10·35번을 풀고 도전해 보세요.
정답은 마지막 문제인 59번 뒤에 있어요.

● 포켓몬들에게 쿠키를 나눠 줘요.
각각의 포켓몬이 원하는 쿠키 접시를 찾아 선으로 연결해 보세요.

보송송

플러시

마이농

라이츄

| 🌼은 딱 2개만 먹고 싶어. | 🌀는 2개보다 많았으면 좋겠어. | 🌼랑 🟫를 더했을 때 🌀보다 개수가 많았으면 좋겠어. | 3종류 쿠키의 개수가 각각 달랐으면 좋겠어. |

문제 54 — 길을 연결하자! ③

● ▢ 안에 있는 길을 조합해 냐스퍼, 팽도리, 나몰빼미, 염버니, 피츄가 모두 연결되도록 길을 놓아요. 단, 길은 회전시킬 수 없어요.

앞쪽에 있는 문제 11·36번을 풀고 도전해 보세요.
정답은 마지막 문제인 59번 뒤에 있어요.

보기 / 정답: 길 끝에 포켓몬이 없어도 괜찮아요.

우선 ③에 놓을 길을 골라요. ③에 길을 놓았을 때 길이 연결되는 것은 ▬뿐이니 ③은 결정됐어요. 그다음 ④에 길을 놓았을 때 길이 연결되는 것도 ▬뿐이니 ④도 결정됐어요. 이제 남은 ①과 ②의 위치도 생각해 봐요.

55

문제 55

어디에 도착할까? ③

월   일

앞쪽에 있는 문제 24·49번을 풀고 도전해 보세요.
정답은 마지막 문제인 59번 뒤에 있어요.

● 피카츄가 프로그램에 따라 포켓몬을 만나러 가요. 피카츄가 도착하는 곳에는 어떤 포켓몬이 있을까요?

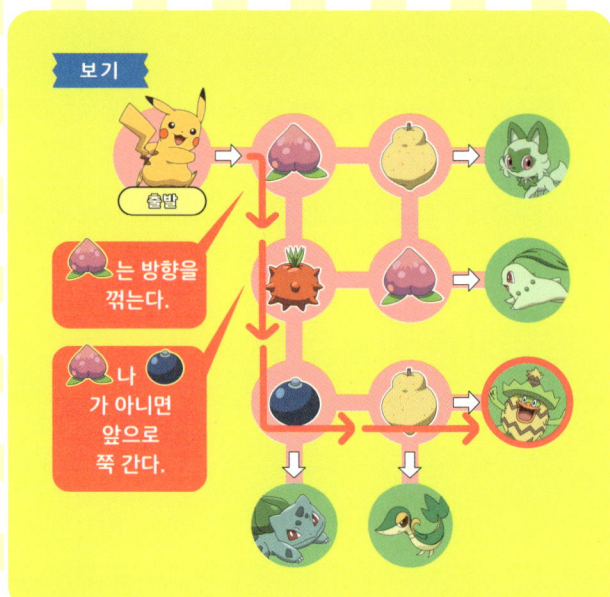

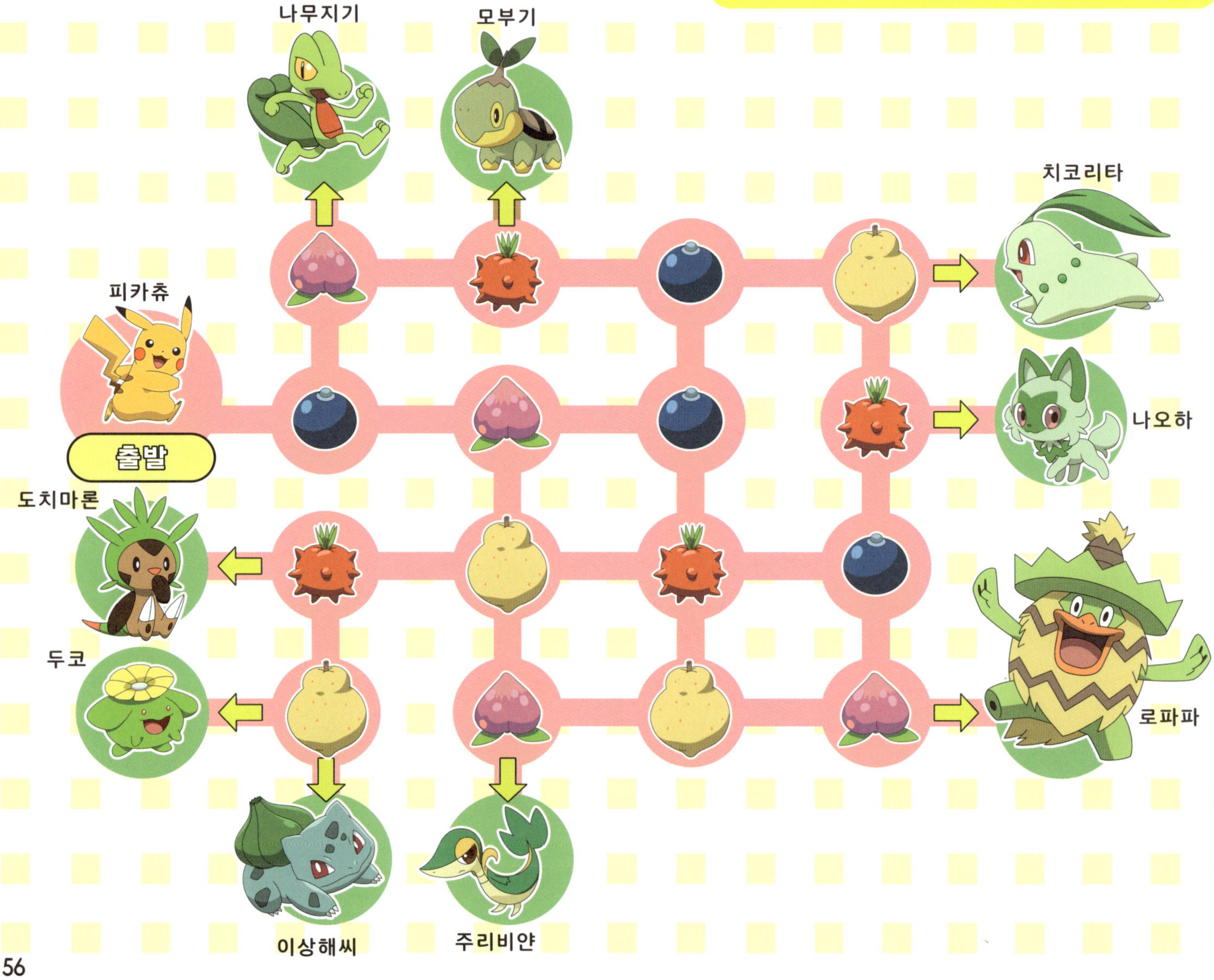

문제
56

시행착오

구멍을 막자! ③

월 일

앞쪽에 있는 문제 15·40번을 풀고 도전해 보세요.
정답은 마지막 문제인 59번 뒤에 있어요.

●레트라와 꼬렛이 벽에 구멍을 냈어요. 아래, 4장의 널빤지를 이용해 모든 구멍을 막으려면 어떻게 놓아야 할까요?

규칙

에이팜

레트라

꼬렛

널빤지①

널빤지②

널빤지③

널빤지④

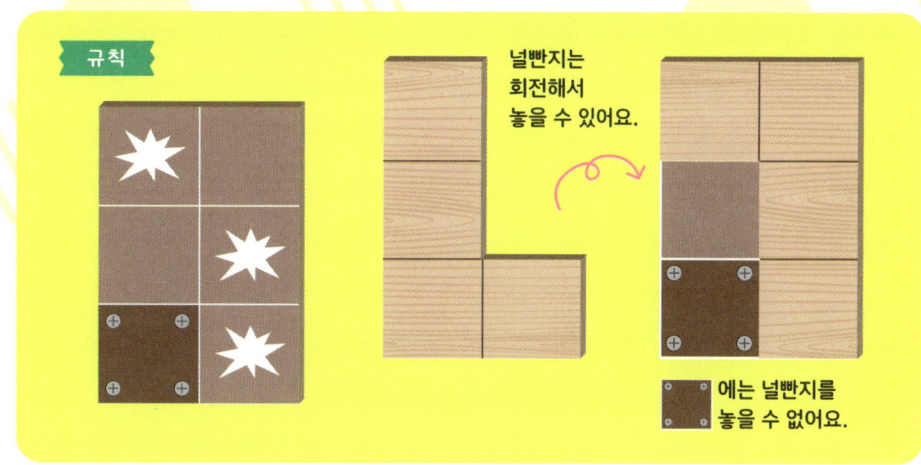

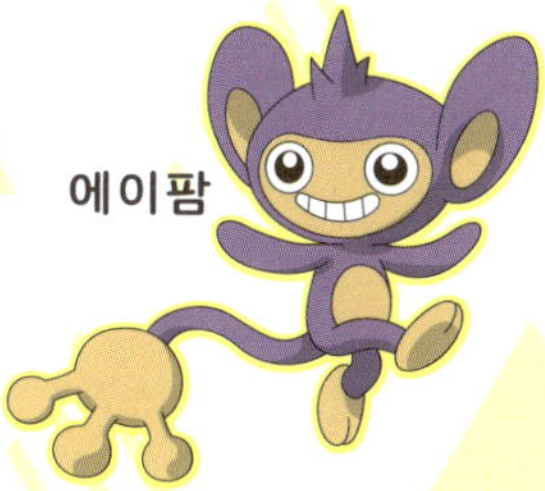

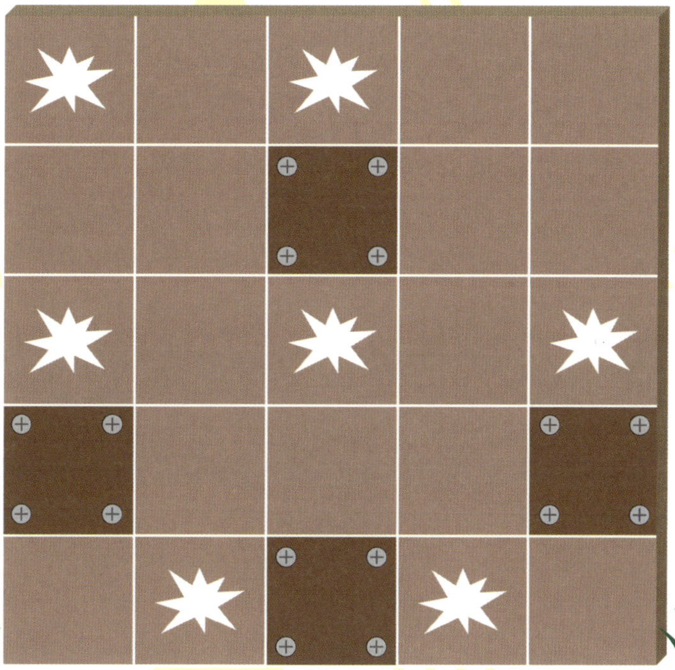

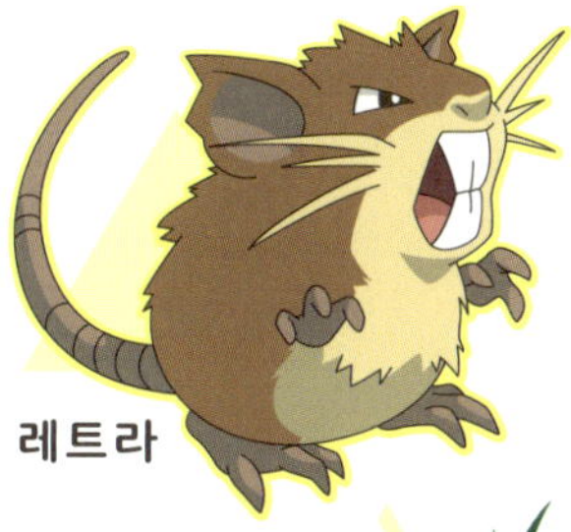

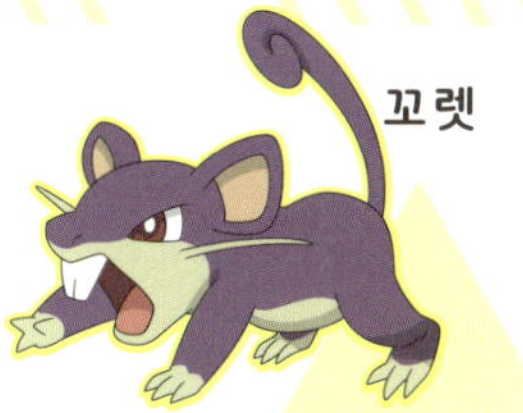

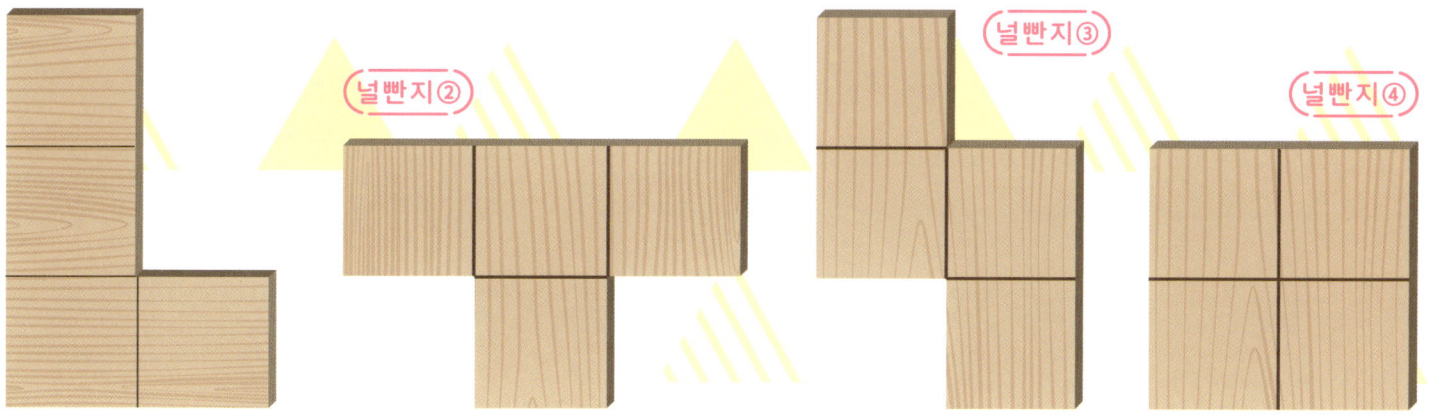

보물 상자를 향해! ③

월   일

앞쪽에 있는 문제 5·30번을 풀고 도전해 보세요.
정답은 마지막 문제인 59번 뒤에 있어요.

● [보기]처럼 자포코일이 프로그램에 따라 출발해서 보물 상자를 향해 가요.
프로그램 Ⓐ와 Ⓑ에 따르면 자포코일은 ㄱ~ㅁ 중 각각 어느 보물 상자에 도달하게 될까요?

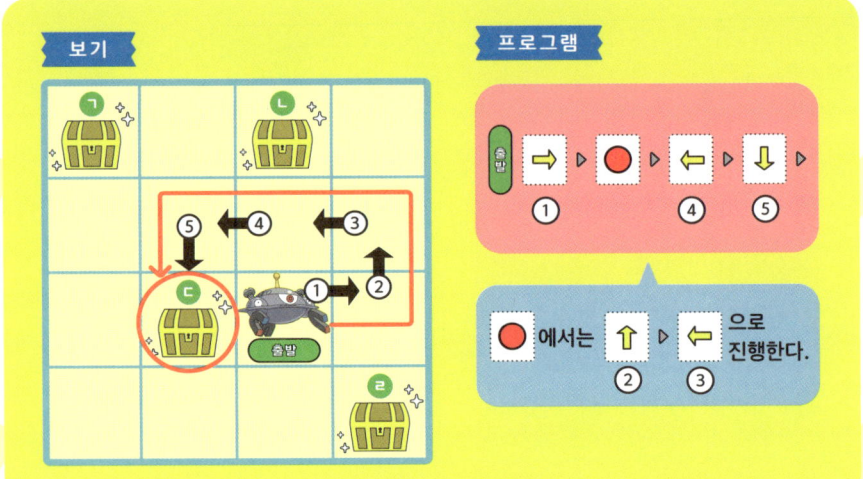

뜨아거

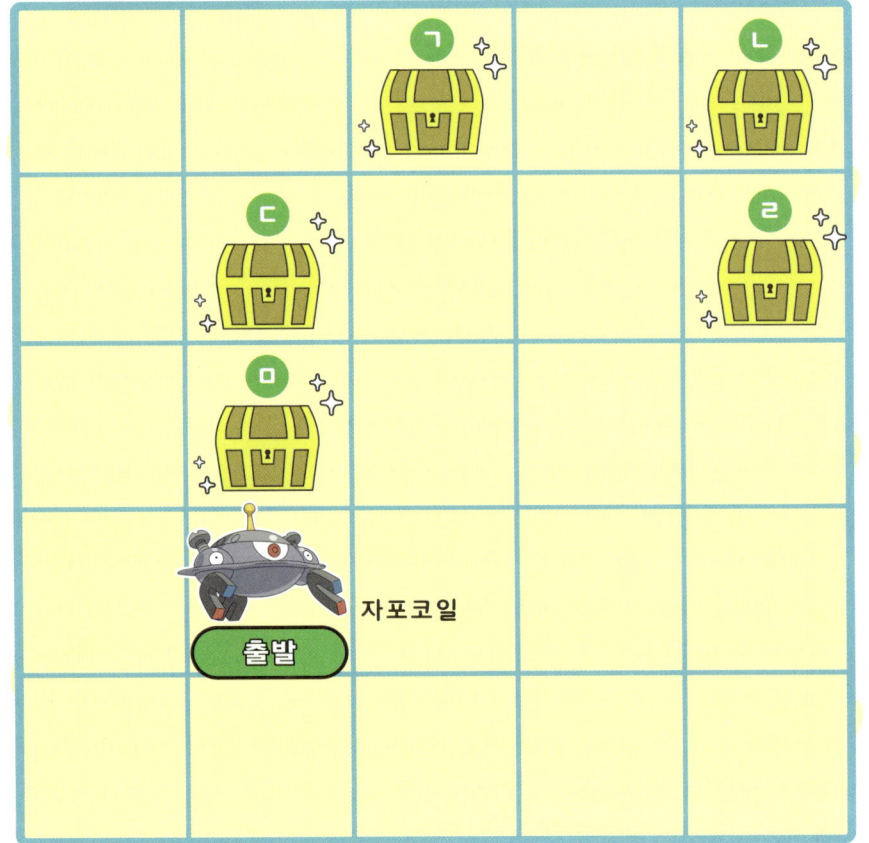

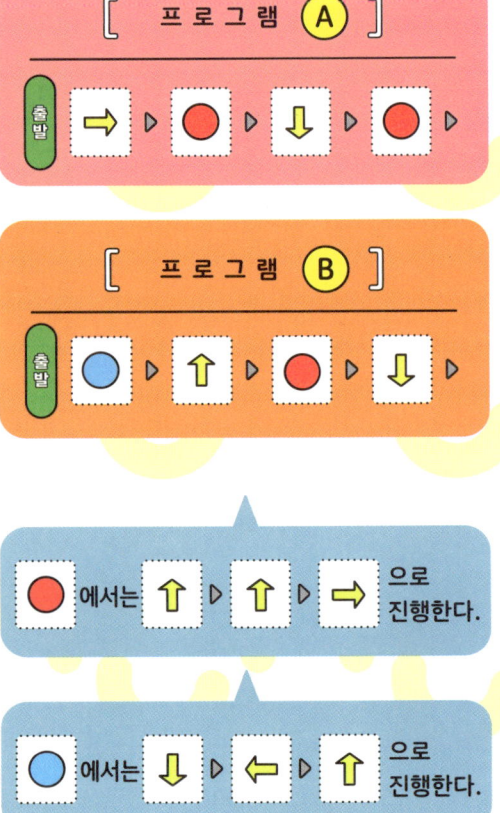

계단 미로 ③

앞쪽에 있는 문제 8·33번을 풀고 도전해 보세요.
정답은 마지막 문제인 59번 뒤에 있어요.

● 꾸왁스가 계단을 오르내려서 도착 지점으로 가요. [규칙]대로 계단을 한 칸씩 오르내리거나, 워프해서 도착 지점에 다다라요.

규칙
① 계단은 반드시 한 칸씩 이동해요. 두 칸이 있는 곳은 오르거나 내려갈 수 없어요.
② 사다리가 있으면 오르거나 내려갈 수 있지만 울타리가 있는 곳은 지나갈 수 없어요.
③ 같은 모양이 있는 문으로 워프할 수 있어요.

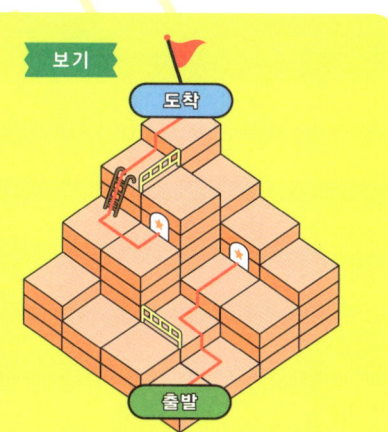

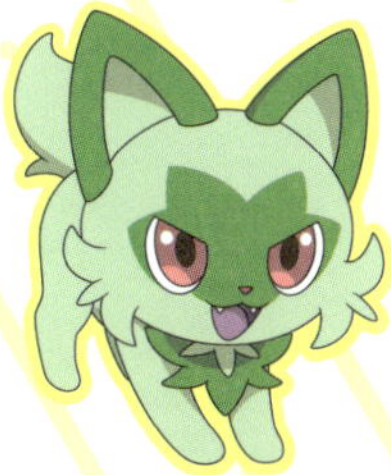

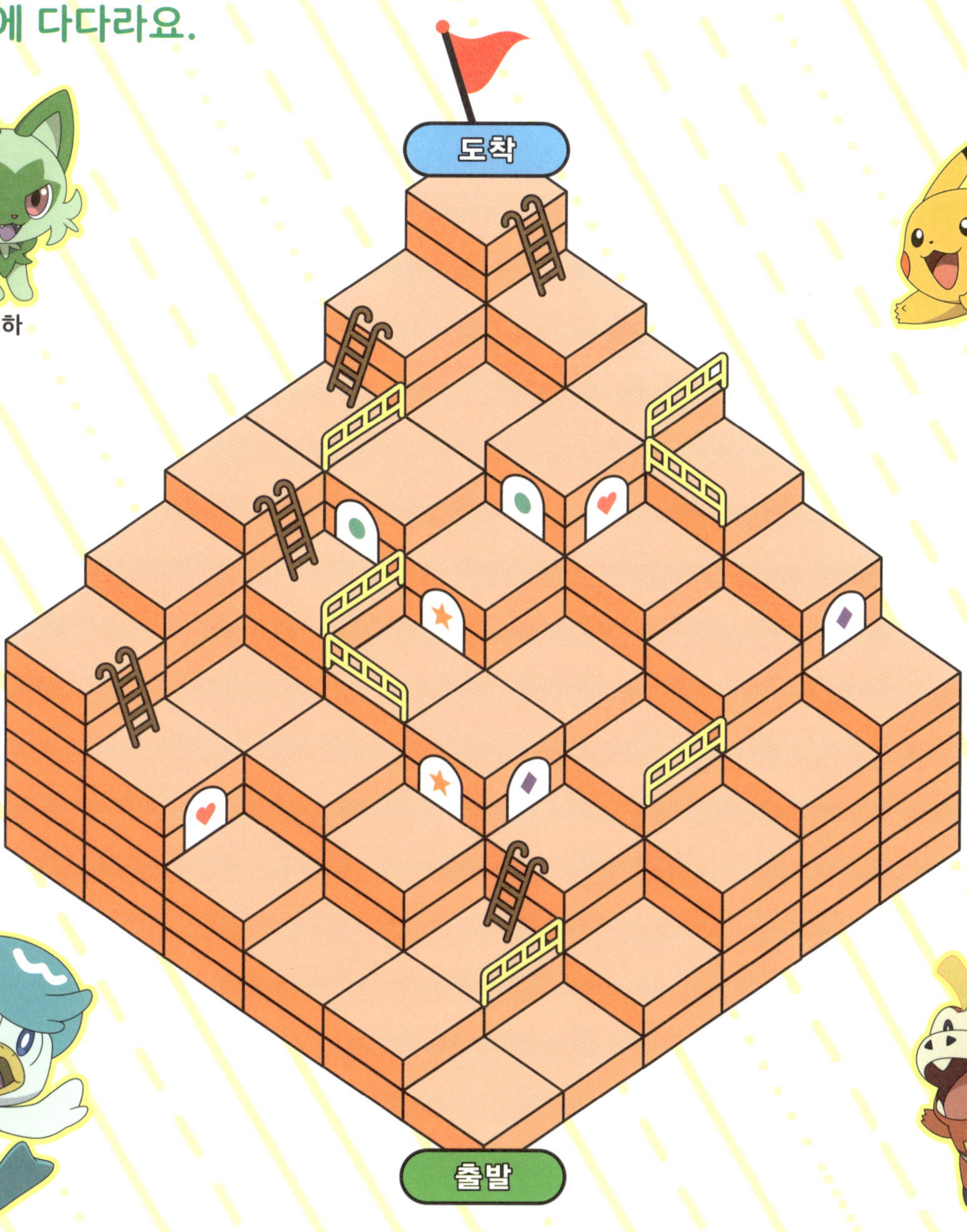

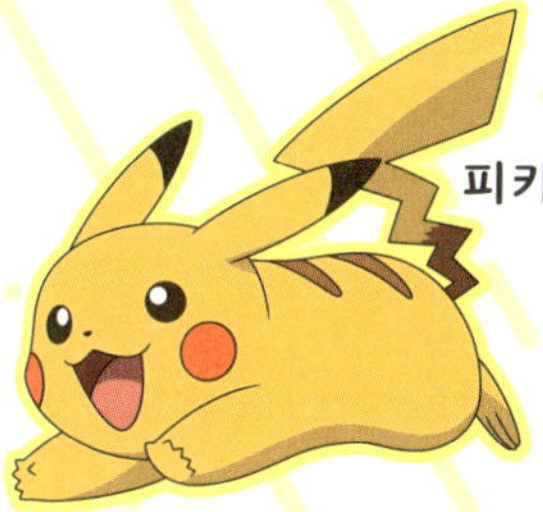

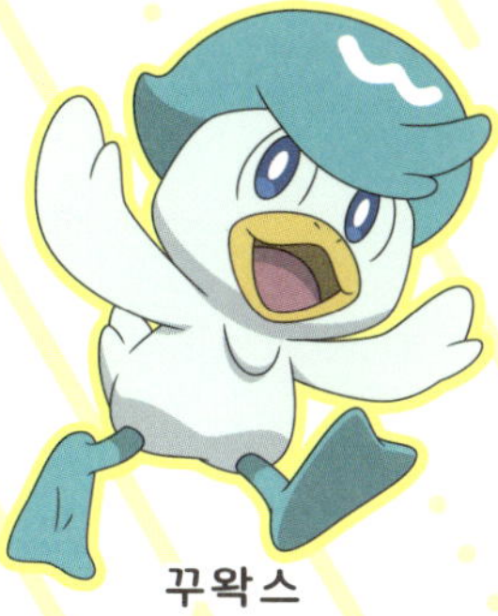

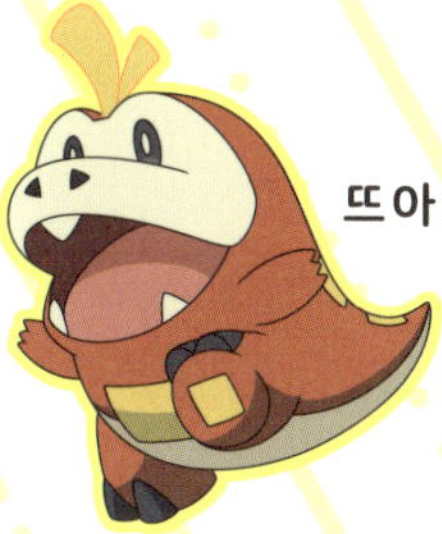

문제 59

나무열매를 나눠 주자! ③

월 일

앞쪽에 있는 문제 25·50번을 풀고 도전해 보세요.
정답은 마지막 문제인 59번 뒤에 있어요.

●지우가 나무열매를 나눠 줘요. 같은 길을 2번 지나지 않으면서 [규칙]에 따라 도착했을 때 나무열매의 개수가 0이 되어야 해요.
(모든 칸을 지나지 않아도 돼요.)

규칙
① 처음에 지우는 🔴의 수만큼 나무열매를 가지고 있다.
② 나무열매 칸에서는 🌸의 수만큼 나무열매를 줍는다.
③ 메타몽 칸에서는 🟠의 수만큼 곱한다.
④ 메타몽이 아닌 다른 포켓몬이 있는 칸에서는 🔵의 수만큼 나무열매를 나눠 준다.

보기
나무열매를 1개 가지고 있다.

나무열매를 1개 줍는다. 모두 2개를 가지고 있다.

2개의 나무열매가 2배가 되어 모두 4개를 가지고 있다.

나무열매를 4개 나눠 준다. 가지고 있는 나무열매는 0개이다.

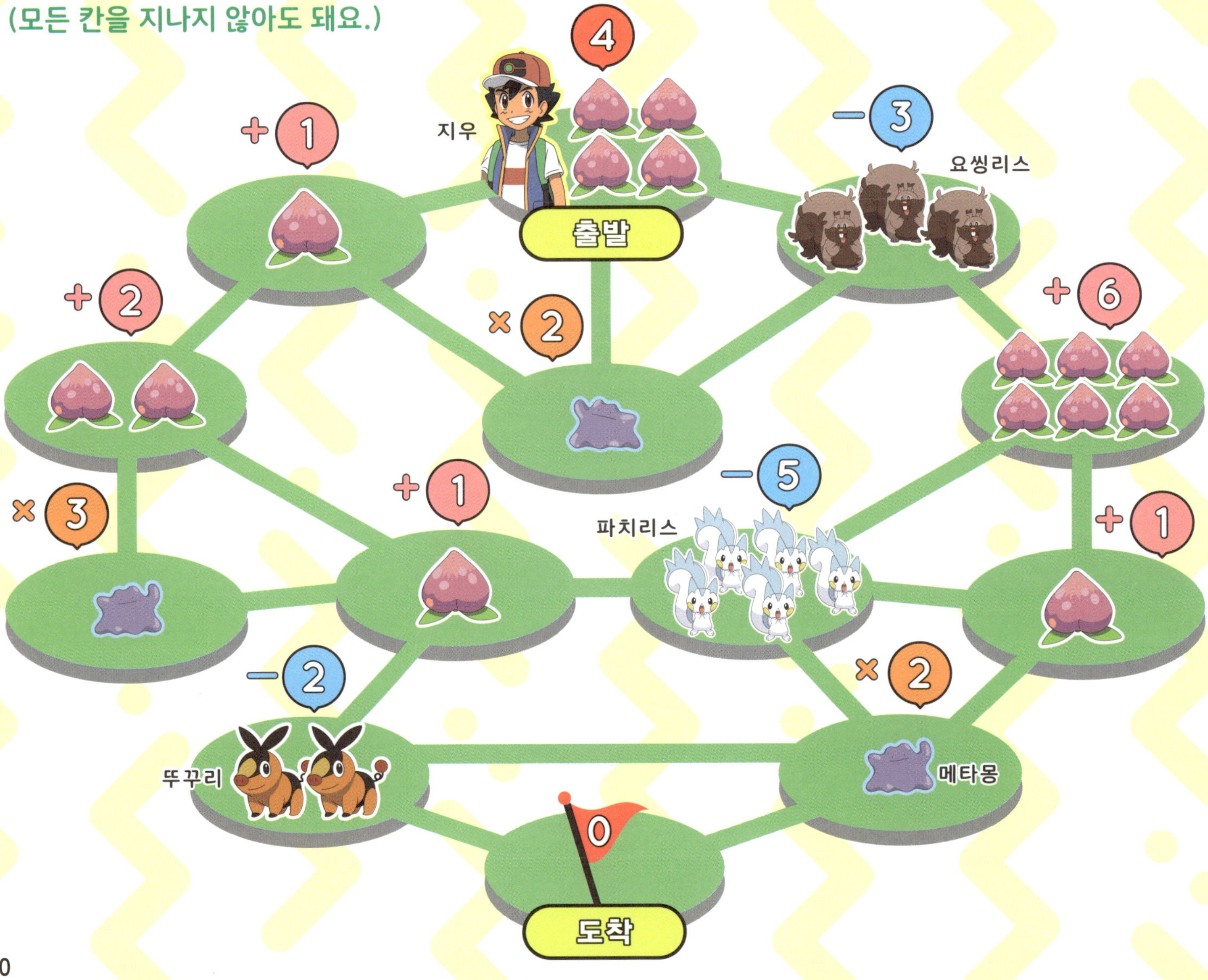

정 답

문제 1 정답: ④
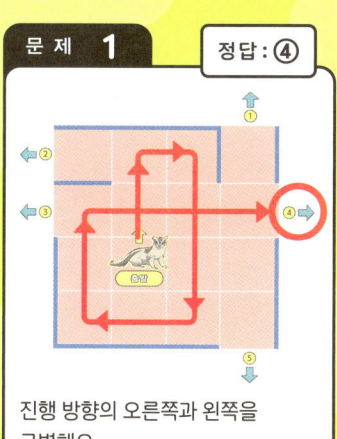
진행 방향의 오른쪽과 왼쪽을 구별해요.

문제 2
정답: 리피아

두 장의 사진에 찍힌 쥬피썬더와 부스터를 겹쳐 보세요.

문제 3

문제 4 정답: 갱도라

도착 지점 근처의 길을 먼저 체크해 봐요. 도착 지점 부근에 있는 갱도라나 뿔카노가 비켜야 하는데, 뿔카노를 선택하면 데구리나 딱구리도 길을 비켜야 하기 때문에 오답이에요.

문제 5
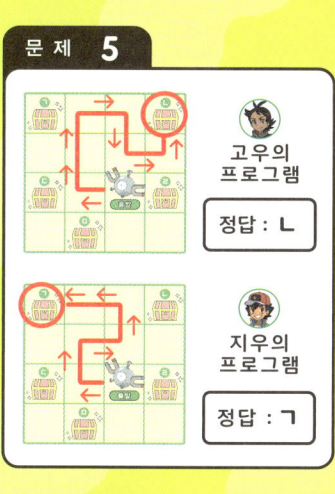
고우의 프로그램 정답: ㄴ
지우의 프로그램 정답: ㄱ

문제 6

정답: ① 아르세우스

문제 7
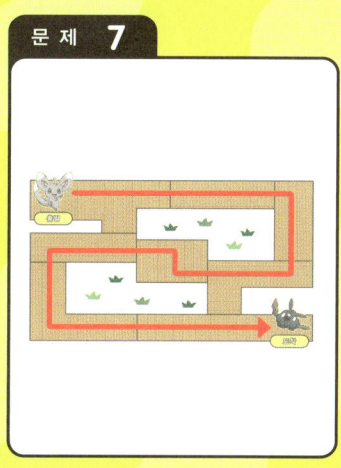

문제 8
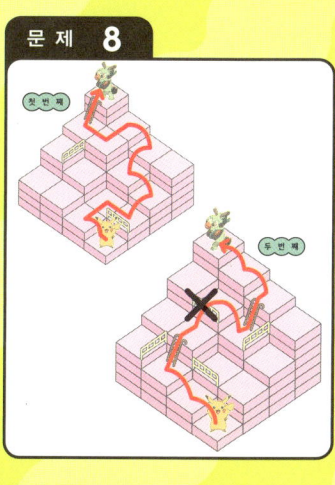

문제 9
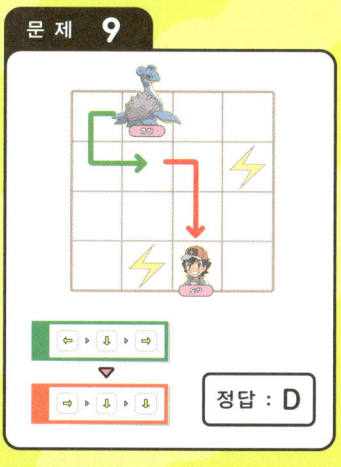
정답: D

문제 10

우선 원하는 조건의 상자가 하나뿐인 포켓몬을 찾아야 해요. 그건 바로 팽도리이기 때문에 팽도리의 정답을 먼저 정해요.

문제 11

놓여 있는 널빤지의 모양을 참고하여 블래키, 님피아와 연결되는 널빤지의 모양을 추측해요.

문제 12 정답: 3

물이 나오는 곳을 확인하면 어느 밸브가 열려 있는지 알 수 있어요. 남은 1번과 3번 밸브 중 어떤 걸 먼저 잠그면 좋을지 생각해 봐요.

문제 13
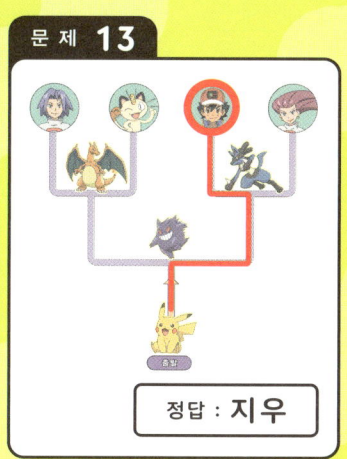
정답: 지우

문제 14 정답: ⓒ

문제 15

문제를 풀기 어려울 때는 실제로 종이를 잘라 놓아 봐요.

문제 16

포켓몬이 위치한 주변의 칸을 색칠해 확인해요.

정 답

문제 17
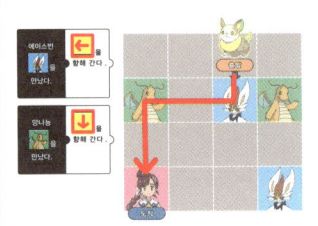
도착 지점에 가려면 오른쪽 아래의 에이스번이나 왼쪽의 망나뇽이 어느 방향으로 가야 하는지 생각해 봐요.

문제 18

정답 : ㄷ

문제 19
정답 : 12번째
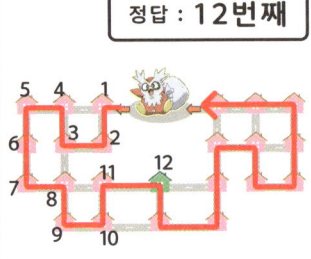
출발부터 도착까지 한붓그리기 미로를 푼 뒤, 초록색 집은 몇 번째에 있는지 세어 봐요.

문제 20
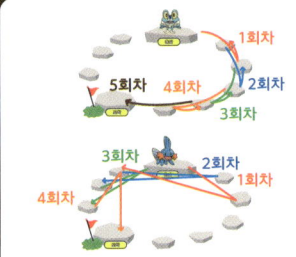
한 번의 점프로 개구마르가 앞서가지만 뒤로 돌아가는 물짱이가 더 적은 횟수로 도착할 수 있어요.

정답 : 물짱이

문제 21

정답
3회전 ㄴ
4회전 ㄷ
5회전 ㄱ

문제 22
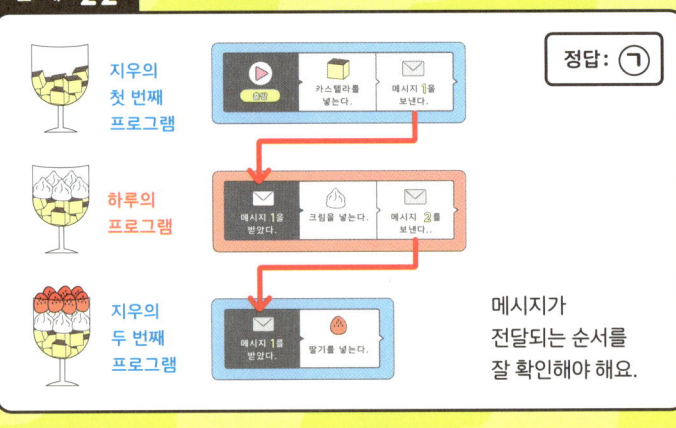
정답 : ㄱ
메시지가 전달되는 순서를 잘 확인해야 해요.

문제 23
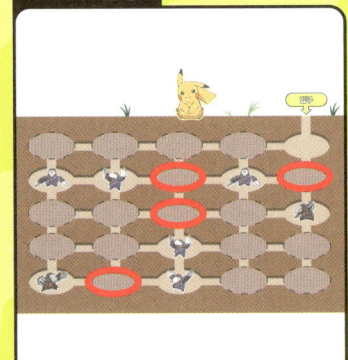

문제 24
정답 : ②
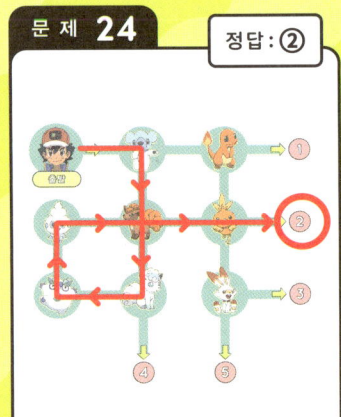

문제 25
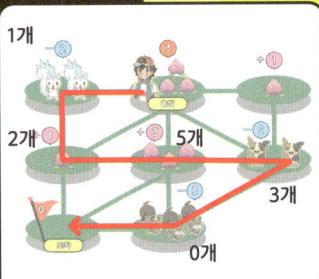
수를 계산하면서 진행해야 하는 미로예요. 마지막 수를 0으로 만들려면 탐리스에게 가야 해요.

문제 26
정답 : ④

진행 방향의 오른쪽과 왼쪽을 구별해요.

문제 27
정답 : 에브이

2장의 사진에 찍힌 님피아, 에브이, 글레이시아를 각각 겹쳐 봐요.

문제 28

문제 29
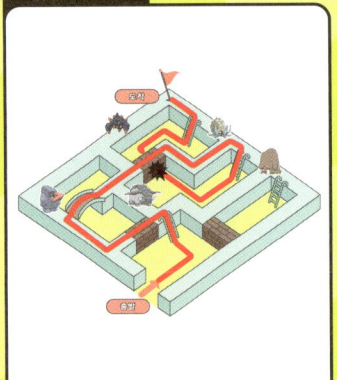

문제 30
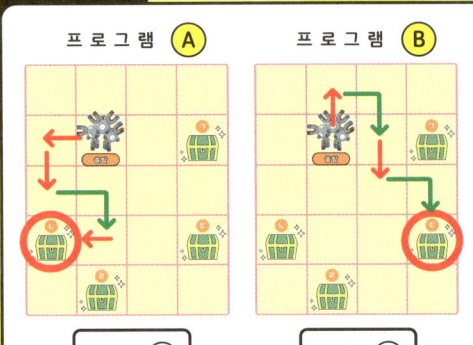
●에 어떤 화살표를 넣으면 좋을지 생각해 봐요. 또 모든 화살표를 그린 후, 원래 자리로 돌아오는 [↑와 ↓], [←와 →]의 조합을 지우면 어떤 방향이 남는지 확인해 보는 방법도 있어요.

정답 : ㄴ   정답 : ㄷ

정답

문제 31

정답: ② 에이스번

문제 32
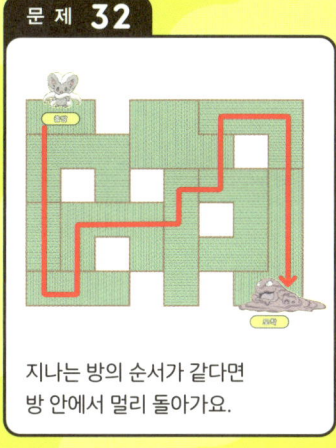
지나는 방의 순서가 같다면 방 안에서 멀리 돌아가요.

문제 33
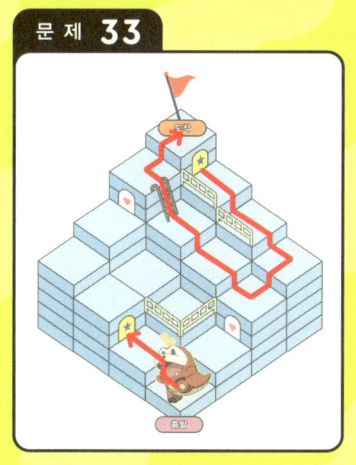

문제 34
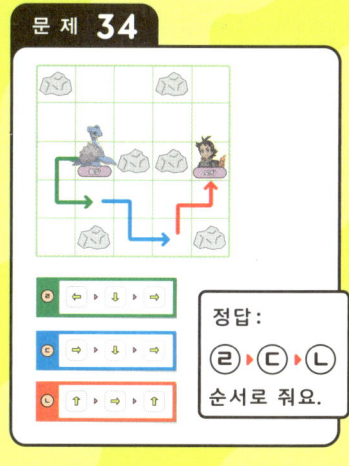
정답: ㄹ ▶ ㄷ ▶ ㄴ 순서로 줘요.

문제 35

문제10처럼 원하는 조건의 바구니가 하나뿐인 포켓몬을 찾아요.

문제 36

맨 처음 이상해씨로 연결되는 널빤지를 골라야 문제를 해결할 수 있어요.

문제 37
정답: 4

문제 38
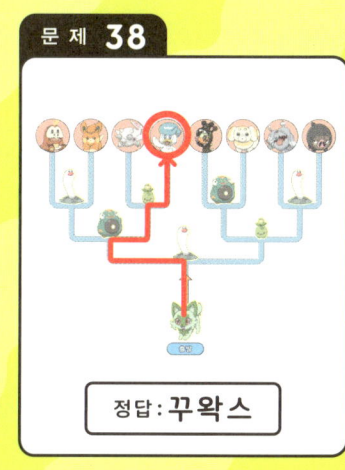
정답: 꾸왁스

문제 39
정답: ㄱ
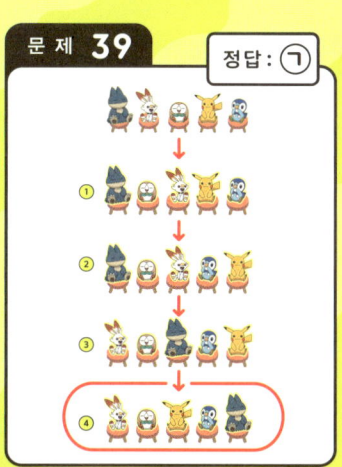

문제 40
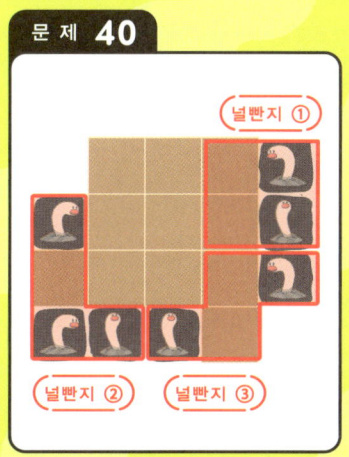

문제 41
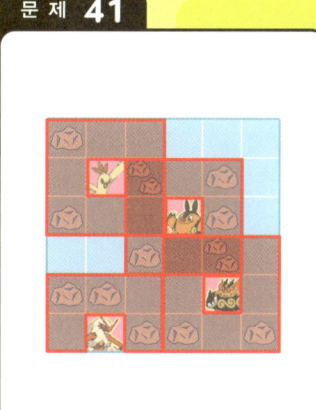

문제 42

도착 지점에 가기 위해서는 🔵이 ↓ 또는 🔵이 ↑이 되어야 해요. 출발 지점에서 🔵이 ↑는 되지 않기 때문에 🔵은 ↓이에요. 이를 참고해 🔵의 방향도 생각해요.

문제 43
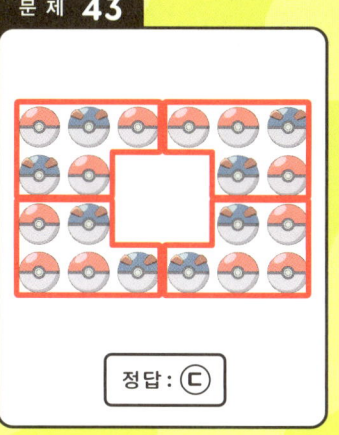
정답: ㄷ

문제 44
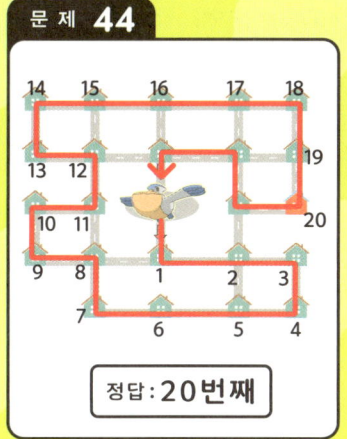
정답: 20번째

문제 45
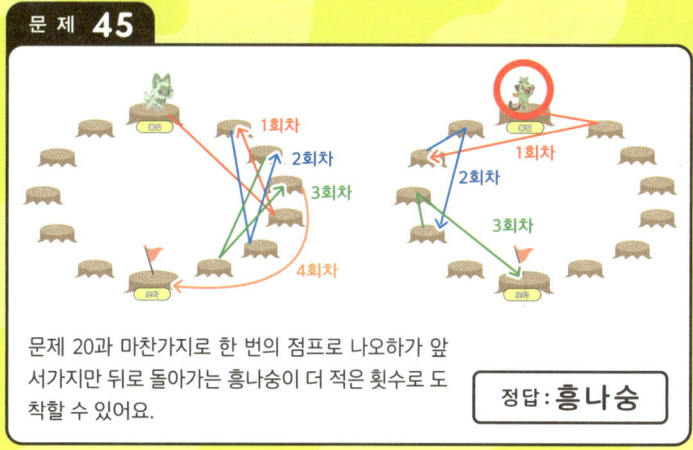
문제 20과 마찬가지로 한 번의 점프로 나오하가 앞서가지만 뒤로 돌아가는 흥나숭이 더 적은 횟수로 도착할 수 있어요.
정답: 흥나숭

정 답

문제 46

정답
- 2회전: ㄹ
- 4회전: ㄷ
- 5회전: ㄱ
- 6회전: ㄴ

문제 47
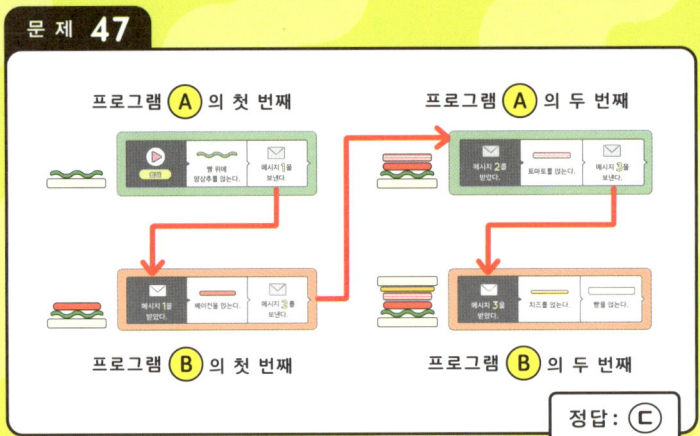

정답: ㄷ

문제 48
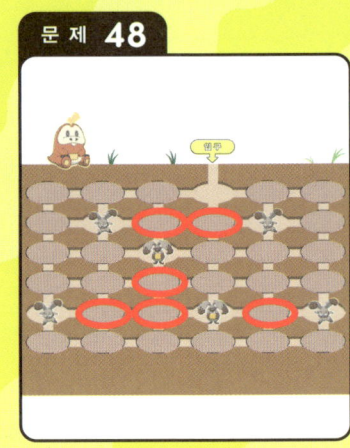

문제 49

정답: 푸린

문제 50
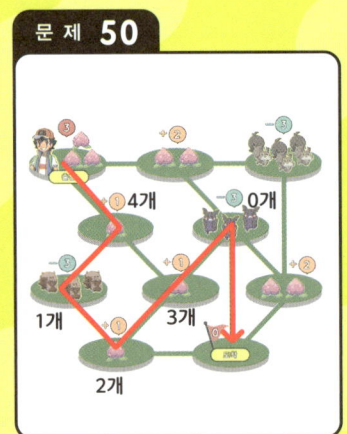

문제 51
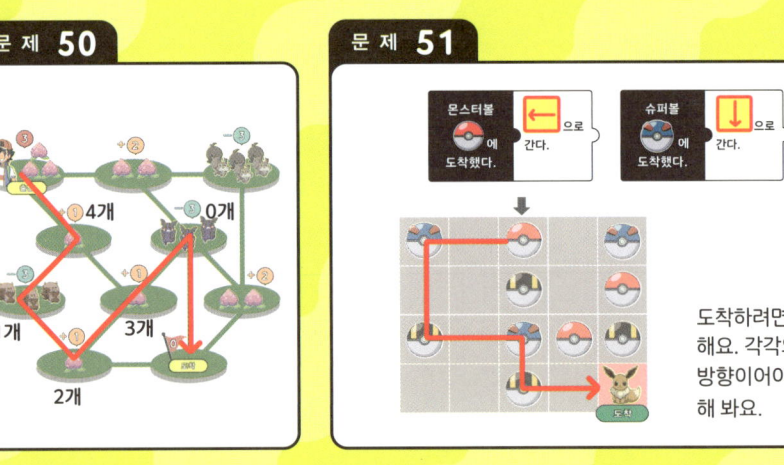

도착하려면 ◐이 ↓나 →가 되어야 해요. 각각의 경우 ◐과 ◐이 어느 방향이어야 도착할 수 있을지 확인해 봐요.

문제 52

문제 53

문제10, 35처럼 먼저 원하는 조건의 접시가 하나뿐인 포켓몬을 찾아요.

문제 54

피츄로 이어지는 널빤지를 2개로 좁힐 수 있으니 2개를 뺀 나머지 널빤지를 어디에 두어야 할지 고민해요.

문제 55

정답: 도치마론

문제 56

문제 57
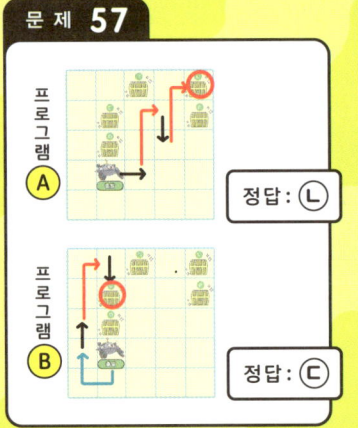

정답: ㄴ

정답: ㄷ

문제 58

문제 59
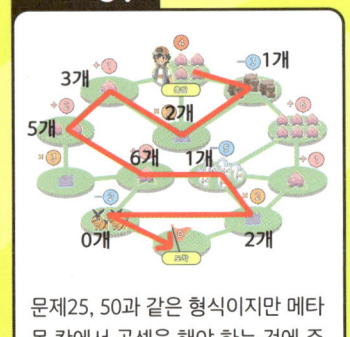

문제25, 50과 같은 형식이지만 메타몽 칸에서 곱셈을 해야 하는 것에 주의해요.